Bruce Wilkinson

Ein Leben, das Gott belohnt

– Andachten –

Über den Autor

Bruce Wilkinson ist Autor verschiedener Bestseller wie z. B. „Das Gebet des Jabez“.
Er ist verheiratet und hat mit seiner Frau, die ebenfalls schriftstellerisch tätig ist, drei Kinder.

Ein Leben *das* Gott Belohnt

Andachten

Bruce Wilkinson

Gerth Medien

Die amerikanische Originalausgabe erschien im Verlag
Multnomah Publishers Inc., 204 W. Adams Avenue, P. O. Box
1720, Sisters, Oregon 97759, USA,
unter dem Titel »A Life God Rewards Devotional«.

Aus dem Amerikanischen übersetzt von Kerstin und Jens Uhder.

Originally published in English under the title:
»A Life God Rewards Devotional«

Published by Multnomah Publishers, Inc.
204 W. Adams Avenue, P. O. Box 1720
Sisters, Oregon 97759 USA

Bibelverse sind, soweit nicht anders angegeben,
der Einheitsübersetzung entnommen.

Best.-Nr. 815 915
ISBN 3-89437-915-4
1. Auflage 2005
Umschlaggestaltung: David Carlson Design/Hanni Plato
Satz: Die Feder, Konzeption vor dem Druck GmbH, Wetzlar
Druck und Verarbeitung: Ebner & Spiegel, Ulm
Printed in Germany

INHALT

Einladung: Gottes Anerkennung als Lebensziel

Man könnte wohl ohne Übertreibung sagen, dass das Thema der ewigen Belohnung Jesus vom ersten bis zum letzten Moment seines öffentlichen Dienstes begleitet hat. Überzeugen Sie sich ruhig selbst davon ...

Gleich zu Beginn seines Lehrdienstes hielt Jesus eine denkwürdige Rede, in der es genau darum ging – dass Gott uns im Himmel für all das belohnen wird, was wir in unserem irdischen Leben für ihn getan haben. In der Bergpredigt heißt es: »Freut euch und jubelt, denn Gott wird euch reich belohnen« (Matthäus 5,12). Sogar die letzte bedeutende Aussage Jesu – wir finden sie auf der letzten Seite der Bibel – handelt von diesem Thema: »Gebt Acht, ich komme bald und euren Lohn bringe ich mit. Jeder empfängt das, was seinen Taten entspricht« (Offenbarung 22,12).

Wenn die Dinge, die wir in diesem Leben für Gott tun, offensichtlich so wichtig sind, wie kommt es dann, dass dieser Teil der Botschaft Jesu heute so wenig Beachtung findet? Was mag uns dadurch alles entgehen – in diesem Leben ebenso wie in der Ewigkeit?

Ich habe das Buch *Ein Leben, das Gott belohnt* geschrieben, um den Menschen dieser Generation neu zu vermitteln, dass ein direkter Zusammenhang besteht zwischen dem, was wir in diesem Leben tun, und dem, was Gott in der Ewigkeit für uns tun will. Ich hoffe, dass es mir durch seine Gnade gelingt, eine neue Leidenschaft unter uns zu entfachen, Gott mit unserem ganzen Leben zu dienen. Sollten Sie das Buch *Ein Leben, das Gott belohnt* noch nicht gelesen haben, dann möchte ich Ihnen nahe legen, es zu tun.

Dieses auf 31 Tage angelegte Andachtsbuch dient dazu, Ihnen die Dinge, die Jesus zum Thema »Belohnung« gesagt hat, noch ein wenig näher zu bringen. An den ersten drei Tagen wollen wir die zentralen

Aussagen des Buches *Ein Leben, das Gott belohnt* noch einmal rekapitulieren. Die täglichen Abschnitte in den darauf folgenden vier Wochen sollen Ihren Blick weiten und Sie motivieren, in Ihrem Alltag ganz bewusst auf jenen Tag hinzuleben, an dem Sie vor Gott stehen und seine göttliche Anerkennung empfangen werden.

Wenn Sie diese Serie von täglichen Andachten beendet haben, werden Sie Ihr Leben in einem ganz neuen Licht sehen. Sie werden jeden Tag zielstrebig, freudig und erwartungsvoll angehen, so wie Jesus es sich für seine Nachfolger immer gedacht hat.

Nun möchte ich Sie einladen, sich mit mir zusammen auf eine Reise zu begeben, die Sie zutiefst inspirieren und Ihr Leben verändern wird.

Bruce Wilkinson

Sammelt euch nicht Schätze hier auf der Erde,
wo Motte und Wurm sie zerstören
und wo Diebe einbrechen und sie stehlen,
sondern sammelt euch Schätze im Himmel,
wo weder Motte noch Wurm sie zerstören
und keine Diebe einbrechen und sie stehlen.
Matthäus 6,19–20

Wir ve

wie es in der Schrift heißt,

was kein Auge gesehen und kein Ohr

gehört hat, was keinem Menschen

in den Sinn gekommen ist: das Große,

das Gott denen bereitet hat,

die ihn lieben.

Einleitung

Das gesamte Bild Ihrer Ewigkeit

Wir verkündigen,
wie es in der Schrift heißt,
was kein Auge gesehen und kein Ohr gehört hat,
was keinem Menschen in den Sinn gekommen ist:
das Große, das Gott denen bereitet hat,
die ihn lieben.

1. Korinther 2,9

1. Tag

Ein herber Schlag zur Begrüssung

Wenn du ein Essen gibst, dann lade Arme,
Krüppel, Lahme und Blinde ein.
Du wirst selig sein, denn sie können es dir nicht vergelten;
es wird dir vergolten werden bei der Auferstehung der Gerechten.
Lukas 14,13–14

Vor einiger Zeit hörte ich eine Talkshow im Radio. Eine Frau namens Michelle erinnerte sich an das schwere Erdbeben in Südkalifornien im Jahre 1994. Als auf einmal ihre Bilder von der Wand fielen, Möbelstücke hin- und herschaukelten und Geschirr aus den Schränken purzelte, rannte sie in heller Panik auf die Straße hinaus.

Draußen war es stockfinster, da das Erdbeben im Umkreis von vielen Kilometern die Stromversorgung unterbrochen hatte. Da stand sie nun in der Dunkelheit, ratlos und voller Angst, und fragte sich, wie es weitergehen sollte.

»Eigentlich mehr durch Zufall schaute ich nach oben«, berichtete sie weiter. »Zum allerersten Mal in meinem Leben konnte ich wirklich die Milchstraße sehen, hier, mitten in der Stadt. Es war ein überwältigender Anblick – trotz all der Zerstörung um mich herum.«

Mit diesem Buch möchte ich Sie auf eine Realität aufmerksam machen, die schon immer existiert hat, auch wenn Sie sich vielleicht nicht daran erinnern können, sie jemals gesehen zu haben. Sie war lediglich ausgeblendet.

Vielleicht treffen Sie heute wichtige Entscheidungen und lassen dabei eine ganze Dimension der Wirklichkeit außer Acht, so als gäbe es sie gar nicht.

Doch wie lange können wir leben, ohne jemals diese geistliche Dimension wahrzunehmen, die sich direkt vor uns auftürmt? Schon ein paar wenige Fehlschlüsse reichen aus, um uns viele Jahre lang in tiefer Verblendung festzuhalten.

Bis uns eines Tages ein herber Schlag trifft.
So zumindest empfand ich es, als ich zum ersten Mal entdeckte, was Jesus über den Zusammenhang zwischen meinem irdischen Leben und dem, was mich in der Ewigkeit erwartet, gesagt hat. Bereits in seiner allerersten öffentlichen Predigt, die als Bergpredigt bekannt wurde, kam er auf dieses Thema zu sprechen.

Selig seid ihr, wenn euch die Menschen hassen und aus ihrer Gemeinschaft ausschließen, wenn sie euch beschimpfen und euch in Verruf bringen um des Menschensohnes willen. Freut euch und jauchzt an jenem Tag; euer Lohn im Himmel wird groß sein. Denn ebenso haben es ihre Väter mit den Propheten gemacht.
Lukas 6,22–23

Mit anderen Worten: Wenn Sie in diesem Leben um Jesu willen leiden, wird er Sie dafür in der Ewigkeit belohnen. Und die Belohnung, die er im Himmel für Sie bereithält, ist so atemberaubend wunderbar, dass Sie vor Freude buchstäblich jauchzen würden, wenn Sie heute schon sehen könnten, was da auf Sie zukommt.
In allen vier Evangelien stellt Jesus immer wieder eine Verbindung zwischen dem Heute und der Ewigkeit her. Nehmen wir nur einmal die erstaunlichen Worte, die Jesus anlässlich eines exklusiven Abendempfangs im Hause eines angesehenen religiösen Würdenträgers äußerte. Er sagte zu seinem verblüfften Gastgeber Folgendes:

Wenn du mittags oder abends ein Essen gibst, so lade nicht deine Freunde oder deine Brüder, deine Verwandten oder reiche Nachbarn ein; sonst laden auch sie dich ein, und damit ist dir wieder alles vergolten. Nein, wenn du ein Essen gibst, dann lade Arme, Krüppel, Lahme und Blinde ein. Du wirst selig sein, denn sie können es dir nicht vergelten; es wird dir vergolten werden bei der Auferstehung der Gerechten.
Lukas 14,12–14

Vergegenwärtigen Sie sich doch einmal den gestrigen Tag. Haben Sie bei den Entscheidungen, die Sie gestern getroffen haben, die Realität

der kommenden Vergeltung in der Ewigkeit berücksichtigt? Oder haben Sie, wie so viele wohlmeinende Christen, die ich kenne, aus der Annahme heraus gelebt, dass Gott uns für die Dinge, die wir für ihn tun, grundsätzlich schon in diesem Leben belohnt?
Wenn ja, dann ist Ihr Blick durch den trügerischen Schleier der Gegenwart vernebelt. Doch Jesus möchte Ihren Blick weiten, sodass Sie durch den Nebel der Gegenwart hindurch das Universum der Ewigkeit erblicken können. In Wirklichkeit gilt, dass Gott uns für die Dinge, die wir für ihn tun, im Himmel belohnen wird.
Erinnern Sie sich noch daran, wie Sie Ihrem kranken Nachbarn einmal etwas zum Abendessen hinübergebracht haben? Ob Sie es glauben oder nicht, durch diesen Dienst haben Sie sich eine Belohnung in der Ewigkeit erworben.
Erinnern Sie sich noch daran, wie Sie am Arbeitsplatz weit und breit der Einzige waren, der seine Stimme gegen korrupte Geschäftspraktiken erhob? Sie haben allen Grund zum Feiern; die Tatsache, dass Sie trotz massiven Drucks von Seiten anderer an Jesus festgehalten haben, wird Ihnen in der Ewigkeit zugute kommen.
Heute haben Sie die Gelegenheit zu einem Neuanfang. Sie sind eben dabei, ganz neu zu entdecken, wie sehr Gott Sie liebt, wie sehr ihm daran gelegen ist, Sie großzügig zu beschenken, und welch einen herrlichen Plan er für Ihre Ewigkeit hat ... ganz recht, für Sie!
Bitten Sie Jesus, Ihnen heute diese Zusammenhänge zu offenbaren. Es mag sein, dass Sie das Gefühl bekommen, dass Ihre bisherige Welt erschüttert wird, wenn Sie erst einmal erkennen, was er alles zum Thema »ewige Belohnung« gesagt hat. Lang gehegte Überzeugungen und vertraute Lebensmaximen geraten auf einmal ins Wanken. Flüchten Sie ruhig in die Dunkelheit hinaus und richten Sie Ihren Blick gen Himmel.
Der Gott, an den Sie glauben, ist ein Belohner.

Anregung für Ihr Tagebuch

Inwieweit stehen die Grundannahmen, nach denen ich mein Leben ausrichte, im Einklang mit (oder im Widerspruch zu) den Dingen, die Jesus über die Verbindung zwischen unserem Heute und der Ewigkeit gelehrt hat? Welchen Einfluss hat dies auf meine Vorstellung von Gott? Auf meine Vorstellung vom Himmel? Und auf meine Absichten für den heutigen Tag?

Was wir brauchen,
ist jener ungetrübte Blick auf einen großen Gott,
dessen tiefstes Herzensanliegen darin besteht,
uns seine Größe zu zeigen, indem er uns Gutes tut.
Das bedeutet nichts anderes, als dass wir die Herrlichkeit
und Majestät unseres Gottes erkennen,
die er uns im Überfluss seiner Allmacht zuströmen lässt.
Es reicht nicht, daran zu glauben,
dass Gott groß, machtvoll und zu fürchten ist
– obschon das zutrifft.
Wir müssen Gottes überragende Schönheit als Explosion
seines unstillbaren Drängens erkennen,
seinen Geschöpfen tiefste Erfüllung zu schenken,
indem er ihnen sein Wesen offenbart.
John Piper

2. Tag

Zwei Schlüssel zur Ewigkeit

Denn aus Gnade seid ihr durch den Glauben gerettet,
nicht aus eigener Kraft – Gott hat es geschenkt –,
nicht aufgrund eurer Werke, damit keiner sich rühmen kann.
Seine Geschöpfe sind wir, in Christus Jesus dazu geschaffen,
in unserem Leben die guten Werke zu tun,
die Gott für uns im Voraus bereitet hat.
Epheser 2,8–10

Vielleicht erinnern Sie sich noch an Ihr erstes unangenehmes Erlebnis mit einer Wippe auf dem Spielplatz. Eines Tages sprang Ihr Freund einfach so ohne jede Warnung ab und Sie schlugen unsanft auf dem Boden auf – *rums!* Dies war Ihre erste Lektion darin, wie wichtig es im Leben sein kann, Balance zu halten.

Heute möchte ich gerne auf die Wichtigkeit der Balance zwischen Glauben und Taten zu sprechen kommen. Vielleicht hat man Ihnen beigebracht, dass es allein auf den Glauben ankommt. Möglicherweise hegen Sie schon von Kindesbeinen an gegenüber solchen Menschen, die die Bedeutung guter Werke betonen, tiefstes Misstrauen. Für Sie steht fest, dass die Werke, die wir als Menschen in unserem Leben tun, für Gott nicht nur bedeutungslos sind, sondern dass er uns dafür im Himmel auch nicht zur Rechenschaft ziehen wird.

Leider ist eine solche Einstellung zutiefst unausgewogen. Ja, es stimmt – Jesus lehrt uns, dass wir nicht durch unsere Werke gerettet werden. Dies ist eine herrliche und über die Maßen kostbare Realität! In unserem heutigen Bibeltext schreibt Paulus über unseren *Glauben*: »Denn aus Gnade seid ihr durch den Glauben gerettet, nicht aus eigener Kraft – Gott hat es geschenkt –, nicht aufgrund eurer Werke, damit keiner sich rühmen kann« (Verse 8–9).

Doch beachten Sie, was Paulus kurz darauf im Hinblick auf unsere *Werke* sagt. Wenn wir auch nicht durch unsere Werke gerettet werden, so wurden wir doch ganz ausdrücklich dazu erschaffen, erlöst und bestimmt, »gute Werke zu tun«: »Seine Geschöpfe sind wir, in Christus Jesus dazu geschaffen, in unserem Leben die guten Werke zu tun, die Gott für uns im Voraus bereitet hat« (Vers 10).

Paulus lässt hier keinen Zweifel daran, dass sowohl der Glaube als auch gute Werke ihren Platz haben und dass beide unverzichtbar sind, wenn Gottes Plan in unserem Leben Wirklichkeit werden soll.

Im ausgewogenen Zusammenspiel von beidem erschließt sich unsere ewige Bestimmung. In dem Büchlein *Ein Leben, das Gott belohnt* habe ich von zwei Schlüsseln gesprochen. Der erste Schlüssel ist Ihr Glaube. Der zweite Schlüssel ist Ihr Verhalten, also Ihre Werke.

Was Sie in Bezug auf Jesus glauben, entscheidet darüber, wo Sie die Ewigkeit verbringen werden – im Himmel oder in der Hölle. Hier entscheidet sich Ihre ewige Bestimmung. Jesus sagt: »Wer an den Sohn glaubt, hat ewiges Leben« (Johannes 3,36; Elberfelder).

Die Frage, wie Sie sich während Ihres irdischen Lebens verhalten, ist dagegen ausschlaggebend dafür, wie Gott Sie im Himmel belohnen wird. An Ihren Werken entscheidet sich, welchen spezifischen Lohn Sie in der Ewigkeit bekommen werden. Jesus sagte: »Siehe, ich komme bald und mit mir bringe ich den Lohn, und ich werde jedem geben, was seinem Werk entspricht« (Offenbarung 22,12).

Hier eine Gegenüberstellung, die deutlich macht, was diese Aussage für Sie heute bedeutet:

	Der erste Schlüssel – Überzeugungen (Glaube)	Der zweite Schlüssel – Verhalten (Werke)
Was ich tue	Ich glaube an Jesus Christus.	Ich lebe für Jesus Christus.
Was ich dafür erhalte	ein Geschenk von Gott	eine Belohnung von Gott
Wer tut was	Jesus tat etwas für mich.	Ich tue etwas für Jesus.
Die Grundlage	mein Glaube an Jesus	meine guten Werke
Das Ergebnis	meine ewige Erlösung	mein ewiger Lohn
Die Endsumme	das volle Heil	so viel ich verdient habe
Der Vergleich mit anderen	Jeder ist gleichermaßen erlöst, weil die Erlösung ein Geschenk ist.	Die Belohnungen unterscheiden sich, weil sie sich danach richten, was wir getan haben.

Ich hoffe, dass die Botschaft des Evangeliums Ihnen dadurch ganz neu lebendig wird. Möge das Licht seiner Wahrheit Ihr Herz und Ihren Verstand ein für alle Mal von den folgenden gefährlichen Irrtümern befreien:

- *Von dem Irrglauben, Sie könnten durch Ihre Werke gerettet werden.* Verwechseln Sie nun nicht mehr Gottes Belohnung für Ihre Werke mit dem Geschenk seiner Erlösung. Wo die Bibel vom Glauben spricht, kann es nicht um Belohnung gehen. Umgekehrt gilt: Wo immer die Bibel von Werken spricht, geht es nicht um unsere Erlösung.

- *Von dem Irrglauben, dass Ihre Werke völlig belanglos sind.* Sie sollten nun nicht mehr leichtfertig sagen: »Was ich tue, interessiert Gott nicht. Es kommt allein darauf an, was ich glaube.« Im Gegenteil, Gott ist sehr wohl daran interessiert, was Sie zu seiner Ehre tun, und Sie sollten es ebenso sein!

Wenn Sie das, was Jesus zum Thema »Erlösung und ewiger Lohn« gelehrt hat, wirklich verinnerlichen, dann wird das dramatische und überaus positive Veränderungen in Ihrem Leben zur Folge haben. Sie werden die Gelegenheiten, die Gott Ihnen Tag für Tag gibt, in einem ganz neuen Licht sehen. Sie werden entdecken, dass sich Ihr geistliches Leben nicht auf das reduzieren lässt, was Sie glauben, und dass die Frage Ihres ewigen Schicksals sich nicht darauf beschränkt, ob Sie in den Himmel kommen oder nicht.

Anregung für Ihr Tagebuch

Inwieweit ist meine Vorstellung von dem, was Gott für mich und mein Leben geplant hat, aus dem Gleichgewicht geraten? Was müsste sich in meinem Leben ändern, damit ich hier wieder in eine gesunde Balance komme?

Denn der Mensch kann Gott keinen Nutzen bringen ...
Doch obwohl wir für Gott unnütz sind,
ist es uns doch keineswegs unnütz, ihm zu dienen.
John Wesley

3. Tag

Die Ewigkeit im Blick

Der Menschensohn wird mit seinen Engeln
in der Hoheit seines Vaters kommen und jedem Menschen vergelten,
wie es seine Taten verdienen.
Matthäus 16,27

Was geschieht, wenn wir sterben? Mal ganz ehrlich – die meisten von uns stellen sich vor, dass wir im Wesentlichen die folgenden drei Stadien durchlaufen:

- Erstes Stadium: Leben auf der Erde – sehr ereignisreich.
- Zweites Stadium: Sterben – ein letztes Schlüsselereignis.
- Drittes Stadium: Dasein in der Ewigkeit – weitgehend ereignislos.

Jesus hat uns jedoch etwas ganz anderes gelehrt. Er sprach davon, dass der weitaus überwiegende Teil unserer Existenz erst *nach* unserem leiblichen Tod ablaufen wird. Einmal erzählte er seinen Jüngern von einem zentralen Ereignis in der Zukunft, auf das wir alle zusteuern. Genau darum geht es in unserem heutigen Bibeltext:

Der Menschensohn wird mit seinen Engeln in der Hoheit seines Vaters kommen und jedem Menschen vergelten, wie es seine Taten verdienen.
Matthäus 16,27

Haben Sie wirklich erfasst, was Jesus uns in diesem Vers mitteilt? Irgendwann in der Zukunft wird er wiederkehren. Dann wird jeder Mensch einen Lohn empfangen – oder eben nicht. Wie unsere Belohnung ausfällt, wird davon abhängen, wie wir unser irdisches Leben gelebt haben. Das Leben nach dem Tod ist also keineswegs ereignislos. Und wie Sie gleich sehen werden, ist auch das nur der Anfang.
Und da Jesus bislang noch nicht wiedergekommen ist, können wir annehmen, dass seine Jünger im Himmel bis heute darauf warten, dass sich das, wovon er in diesem Vers spricht, erfüllen wird.

In den nächsten Tagen werden Sie in diesem Andachtsbuch entdecken, dass Gott Ihr Leben zur Blüte bringen und für die Ewigkeit fruchtbar machen will, und zwar in einem Maße, wie Sie es nie zu träumen gewagt hätten. Niemand wird erwartungsvoll auf die Ewigkeit hinleben, wenn er keine klare Vorstellung davon hat, wie real, wie interessant und aufregend unser Leben dort sein wird.
Lassen Sie uns deshalb heute einen kurzen Blick darauf werfen, wie unser irdisches Leben vor dem Hintergrund der Ewigkeit wirklich aussieht. Wenn wir uns ansehen, was Jesus gelehrt hat, dann können wir erkennen, dass wir im Laufe unserer menschlichen Existenz insgesamt sechs Stationen durchlaufen.

Die sechs wesentlichen Stationen Ihrer ewigen Existenz:

1. Das Leben. *Sie wurden nach dem Ebenbild Gottes geschaffen, um ein sinnerfülltes Leben zu führen.*
Von Ihrer Geburt bis zum Zeitpunkt Ihres irdischen Todes leben Sie auf der Erde als ein Wesen mit Leib, Seele und Geist (vgl. Johannes 3,6; 4,23–24; 1. Thessalonicher 5,23).
2. Der Tod. *Ihr irdischer Leib stirbt, Ihr Geist jedoch lebt weiter.*
Wenn Sie sterben, zerfällt Ihr Leib wieder zu Staub. Sie bestehen jedoch nicht nur aus einem biologisch-stofflichen Leib. Jesus lehrte vielmehr, dass Sie als Person in Ewigkeit fortbestehen (vgl. Lukas 23,43; 2. Korinther 5,8).
3. Der Bestimmungsort. *Ihr ewiges Schicksal hängt davon ab, ob Sie während Ihres irdischen Lebens an Jesus geglaubt haben.*
In allem, was er lehrte, sprach Jesus immer wieder von zwei möglichen Bestimmungsorten nach dem Tod – vom Himmel und von der Hölle (vgl. Johannes 3,16–18; Johannes 14,2; Matthäus 23,33). Beide sind ewig.
4. Die Auferstehung. *Sie empfangen einen Auferstehungsleib.*
Unser Auferstehungsleib wird unsterblich sein – er wird für immer fortbestehen (vgl. Johannes 5,28–29; Philipper 3,21; 1. Korinther 15).
5. Die Vergeltung. *Je nachdem, wie Sie Ihr irdisches Leben gelebt haben, erhalten Sie einen Lohn oder eine Bestrafung.*

Gläubige wie auch Ungläubige werden von Jesus gerichtet werden. Die Bibel spricht hier von der *bema,* dem Richterstuhl Christi, und vom weißen Thron. Der Ausgang dieses Gerichts entscheidet darüber, welcher Lohn Ihnen im Himmel zuteil wird beziehungsweise welche Strafe Sie in der Hölle zu erleiden haben werden (vgl. Johannes 5,22; 2. Korinther 5,10; Offenbarung 20,11–15; Matthäus 11,21–22; 23,14).

6. Die Ewigkeit. *Als Konsequenz dessen, was Sie hier auf Erden geglaubt beziehungsweise wie Sie gelebt haben, werden Sie die Ewigkeit in der Gemeinschaft mit Gott oder aber getrennt von ihm verbringen* (vgl. Matthäus 25,46).

Denken Sie sich diese sechs Stationen auf einem Zeitstrahl in einer Reihe hintereinander. Dann überlegen Sie, welche davon über all das entscheidet, was noch kommen wird. Ganz eindeutig ist es doch Ihr irdisches Leben, das über Ihr ewiges Schicksal entscheidet.

In meinem Buch *Ein Leben, das Gott belohnt* habe ich vorgeschlagen, dass Sie sich den Ablauf dieser Ereignisse wie folgt verdeutlichen:[1]

Der Punkt steht für Ihr irdisches Leben. Die Linie dahinter steht für die Ewigkeit und alles, was Jesus uns darüber offenbart hat. Diese kleine Illustration zeigt, dass zwischen dem, was innerhalb des Punktes (Ihrem irdischen Leben) geschieht, und den Konsequenzen, die sich daraus auf der Linie (in Ihrer Ewigkeit) ergeben, ein Ursache-Wirkungs-Zusammenhang besteht.

Mit anderen Worten: Die Dinge, die innerhalb des Punktes geschehen – innerhalb der rund siebzig Jahre Ihres Lebens also –, entscheiden Ihr Schicksal für die gesamte Ewigkeit!

Haben Sie Ihr Leben schon einmal in diesem Licht betrachtet? Ziemlich erschreckend, nicht wahr? Diese unangenehme Überraschung

---

[1] Die Illustration mit dem Punkt und dem Strahl stammt aus Randy Alcorns Buch »*The Treasure Principle*« (Sisters, OR: Multnomah Publishers, 2001).

rührt daher, dass die Wirklichkeit unseres ewigen Lebens im Getriebe des Hier und Jetzt allzu leicht in Vergessenheit gerät. Und schließlich haben wir einen Feind, der ein reges Interesse daran hat, dass sich auch in Zukunft nichts daran ändert.
Heute möchte ich Sie einladen, diese Realität ganz tief in Ihrem Herzen und Ihrem Verstand Wurzeln schlagen zu lassen. Eines Tages werden Sie dem Gott, der Sie liebt, Rechenschaft darüber geben müssen, was Sie innerhalb dieses »Punktes« getan haben, und dieser Moment wird tief greifende Auswirkungen auf Ihre gesamte weitere Existenz haben – bis in alle Ewigkeit.

Anregung für Ihr Tagebuch

Wie würde ich meinen Tag gestalten, wenn heute meine letzte Chance wäre, ein Leben für die Ewigkeit zu führen statt eines Lebens für das Hier und Jetzt? Wie möchte ich angesichts dieses Panoramas der Ewigkeit in dieser Woche meine Prioritäten ändern?

Täuscht euch nicht: Gott lässt keinen Spott mit sich treiben;
was der Mensch sät, wird er ernten.
Wer im Vertrauen auf das Fleisch sät,
wird vom Fleisch Verderben ernten; wer aber im Vertrauen
auf den Geist sät, wird vom Geist ewiges Leben ernten.
Lasst uns nicht müde werden, das Gute zu tun;
denn wenn wir darin nicht nachlassen, werden wir ernten,
sobald die Zeit dafür gekommen ist.
Galater 6,7–9

Der Loh [illegible]

d [illegible] *üpfen bringen un*

der Gedanke daran uns mit überschwänglicher

Freude erfüllen sollte.

Wir sollten niemals meinen,

es sei dem christlichen Glauben zuwider,

darüber froh zu sein und sich zu freuen.

Erste Woche

Die verheißene Belohnung

Der Lohn ist der Art,
dass er uns zum Hüpfen bringen und der Gedanke daran
uns mit überschwänglicher Freude erfüllen sollte.
Wir sollten niemals meinen,
es sei dem christlichen Glauben zuwider,
darüber froh zu sein und sich zu freuen.

John Bunyan,
Pilgerreise zur seligen Ewigkeit

4. Tag

Der *misthos* Jesu

Und jeder, der um meines Namens willen Häuser oder Brüder, Schwestern, Vater, Mutter, Kinder oder Äcker verlassen hat, wird dafür das Hundertfache erhalten und das ewige Leben gewinnen.
Matthäus 19,29

Vor einiger Zeit sprach ich einmal auf einer Konferenz vor Geschäftsleuten darüber, was die Bibel zum Thema »Belohnung« lehrt. Zur Illustration brachte ich ein Bündel 100-Dollar-Scheine mit.

»Ich möchte Ihnen ein etwas ungewöhnliches Angebot machen«, sagte ich und wedelte mit den Scheinen. »Jeder, der draußen auf dem Flur eine Runde um den Saal dreht, bekommt von mir 100 Dollar. Sie können so viele Runden drehen, wie Sie wollen. Jedes Mal, wenn Sie hier bei mir vorbeikommen, erhalten Sie einen 100-Dollar-Schein. Sie können das auch ruhig mit einem Gang zur Toilette verbinden, aber wenn Sie dabei noch etwas anderes machen, verfällt das Angebot. Ansonsten gibt es für jede Runde um den Saal eine Belohnung.«

»Ich habe übrigens einen ausreichenden Vorrat an Scheinen dabei«, sagte ich und deutete auf meine Aktentasche. »Sie brauchen sich also keine Sorgen zu machen, dass mir eventuell das Geld ausgehen könnte.«

Nun fragte ich, wer auf mein Angebot eingehen und sich auf den Weg machen wolle. Alles lachte und einige Direktoren und Konzernleiter sprangen sogar schon von ihren Plätzen auf. Wir waren uns alle einig, dass es ein durchaus verlockendes Angebot war.

»Wenn das Angebot ernst gemeint wäre«, fragte ich, »wer von Ihnen wäre bereit, viele, viele Runden zu drehen?« Noch mehr Gelächter im Saal. Die Leute fingen an, Mutmaßungen darüber anzustellen, für wie viele Stunden oder gar Tage sie den Saal umrunden könnten, wenn sie tatsächlich jedes Mal dafür bezahlt würden.

Dann fragte ich: »Und wer von Ihnen – und sei er noch so müde – würde sich dabei wohl die Frage stellen, ob das Ganze der Mühe wert ist?« Es wurde still im Saal. Schließlich stellte ich die Frage in den Raum, was ich mit diesem Beispiel wohl im Hinblick auf das Thema »Belohnung

in der Ewigkeit« illustrieren wollte. Eine Frau im Publikum antwortete: »Wenn Gott uns für die Dinge, die wir für ihn tun, so großzügig belohnt, dann kann man doch eigentlich gar nicht von Mühe sprechen.«
Sie hatte den Nagel auf den Kopf getroffen. Ja, Gott fordert alles von uns – unsere Aufmerksamkeit, unsere Hingabe, unsere Zeit, unsere Energie. Doch im Gegenzug hat er uns zugesagt, uns in der Ewigkeit überaus großzügig zu belohnen.
Wir stellen uns Gott als unseren Schöpfer, Beschützer, Versorger und Erlöser vor – aber als Arbeitgeber? Als Zahlmeister? Ziemlich überraschend, nicht wahr? Doch Jesus selbst beschreibt das, was er uns in der Ewigkeit geben wird, tatsächlich als einen Lohn.
In der Bergpredigt spricht Jesus das erste Mal über das Thema »Belohnung«. Im Griechischen steht hier das Wort *misthos,* was so viel bedeutet wie *Lohn.*

Freut euch und jauchzt an jenem Tag; euer misthos *[Lohn] im Himmel wird groß sein.*
Lukas 6,23

Verstehen Sie diese Worte heute ruhig einmal so, als würde der Chef des Himmels zu Ihnen sagen: »Wenn du dich unserem Team anschließt, dann sollst du eines wissen: Wenn du mir begegnest, dann werde ich dir deinen Lohn geben.«
Es gibt noch einen zweiten Begriff, den Jesus im Zusammenhang mit der himmlischen Belohnung gebraucht. Es ist das zusammengesetzte Wort *apodidomai.* Die Silbe *apo* bedeutet *zurück* und *didomai* bedeutet *geben. Apodidomai* bedeutet also so viel wie zurückgeben:

Du wirst selig sein ...; es wird dir apodidomai *[zurückgegeben, vergolten] werden bei der Auferstehung der Gerechten.*
Lukas 14,14

Wenn Jesus hier von *apodidomai* spricht, dann bedeutet das, dass Sie zurückerstattet bekommen, was Ihnen als Ausgleich für eine von Ihnen erbrachte Leistung zusteht.

Wir können nur ahnen, warum Jesus uns zum Dienst im Reich Gottes berufen hat, er hingegen *weiß* es ...
Er überblickt die Ewigkeit.
Er weiß, wozu Sie leben und wozu Ihre Umstände dienen sollen.
Er weiß auch, welchen Lohn er für all das, was Sie für ihn tun, bereithält – sei es, dass Sie einem Fremden eine kleine Aufmerksamkeit erweisen oder dass Sie als Märtyrer Ihr Blut für Jesus hingeben.
Er weiß, dass Sie vor Freude in die Luft springen werden, wenn Sie im Himmel erst einmal den Lohn sehen, den er Ihnen zugedacht hat. Nichts von dem, was Sie an Einsatz gebracht haben, wird Ihnen dann noch als ein Opfer erscheinen.
Er weiß auch, dass Sie an diesem Tag nur eines bedauern werden, nämlich die Tatsache, dass Sie ihm nicht mehr gedient haben – ausdauernder, ehrlicher, freudiger und erwartungsvoller.
Jesus ist gekommen, um uns die Augen für unsere Zukunft zu öffnen. Die wichtigste Frage, die wir uns im Hinblick auf unsere ewige Zukunft stellen können, ist diese: Wie kann ich die nächsten zwölf Stunden meines Lebens auf dieser Erde so einsetzen, dass sie mir ein Maximum an Lohn in der Ewigkeit eintragen?

Anregung für Ihr Tagebuch

Herr, ich möchte die Dinge, die ich für dich tue, nie wieder als Opfer ansehen. Von heute an werde ich ______

Euch aber lasse der Herr wachsen und reich werden
in der Liebe zueinander und zu allen,
wie auch wir euch lieben,
damit euer Herz gefestigt wird und ihr ohne Tadel seid,
geheiligt vor Gott, unserem Vater, wenn Jesus, unser Herr,
mit allen seinen Heiligen kommt.
1. Thessalonicher 3,12–13

5. Tag

Nicht auf das Heute schauen

Aufgrund des Glaubens weigerte sich Mose,
als er herangewachsen war,
Sohn einer Tochter des Pharao genannt zu werden;
lieber wollte er sich zusammen mit dem Volk Gottes misshandeln lassen,
als flüchtigen Genuss von der Sünde zu haben;
er hielt die Schmach des Messias für einen größeren Reichtum
als die Schätze Ägyptens; denn er dachte an den künftigen Lohn.
Hebräer 11,24–26

Vor einiger Zeit sprach ich auf einer einwöchigen Konferenz mit etwa 3.500 Pastoren und Gemeindeleitern in Afrika. Sie alle liebten Gott und dienten ihm mit großer Treue. Ich merkte jedoch sehr schnell, dass sie einem bedauerlichen Missverständnis erlegen waren. Vielleicht geht es Ihnen ja ganz ähnlich.

Man könnte das Ganze als eine Art Verzerrung des zeitlichen Horizonts bezeichnen. Nahezu alle Anwesenden hatten die Vorstellung, dass Gott sie für ihre Hingabe im Dienst bereits hier auf der Erde mit Gesundheit und Wohlstand belohnen würde.

Ich versuchte auf sanfte Weise, ein wenig nachzuhaken: »Wenn Ihre Annahme stimmt«, sagte ich, »dann müsste es doch irgendwo einen Beweis dafür geben. Schließlich steht Gott ja zu seinem Wort, nicht wahr?« Überall Kopfnicken.

»Nun lassen Sie mich einfach mal nachfragen: Wer von Ihnen hat denn in seinem Leben schon vielfach Dinge für Gott geopfert?«

Überall gingen die Arme hoch.

Dann stellte ich die unangenehme Frage: »Wenn Sie glauben, dass die Bibel uns eine Belohnung in diesem Leben zusagt, wer von Ihnen ist denn auf diese Weise reich geworden?«

Im ganzen Saal war nur ein einziges Handzeichen zu sehen.

Die Leute waren wie vom Donner gerührt. Anschließend hatten wir jedoch eine Diskussion, in der wir viele der vorhandenen Irrtümer ausräumen konnten, und die Mehrzahl der Teilnehmer schien daraufhin sichtlich erleichtert. Einer der bedrückendsten Irrtümer, die im Gespräch ans Licht kamen, war dieser: Jeder der Anwesenden dachte, er sei der Einzige, den Gott nicht segnet, und führte diesen Tatbestand auf irgendein schweres persönliches Versagen zurück! Sie können sich vorstellen, dass dies bei den Betroffenen heftige Zweifel ausgelöst und sie zutiefst entmutigt hatte.

Die ewige Belohnung, von der Jesus sprach, kommt uns nicht in diesem Leben zu, sondern erst später im Himmel. Natürlich wird ein gottgefälliger Lebensstil Ihnen bereits hier auf der Erde von Nutzen sein, weil Sie weise genug sind, Ihr Leben auf die solide Grundlage der Wahrheit Gottes zu stellen. Und schließlich erhört Gott ja auch Ihre Gebete. Es *kann* sehr wohl sein, dass Gott Sie schon während Ihres irdischen Lebens reichlich belohnt. Er belohnt uns »in dieser Zeit« und »in der kommenden Welt« (vgl. Markus 10,30).

Dennoch wird uns der Löwenanteil dessen, was Gott uns geben will – der Lohn, den Jesus, ebenso wie die Autoren des Neuen Testamentes, gemeint hat und auf den wir hinleben sollen –, erst dann zuteil, wenn es *wirklich* darauf ankommt: in der Ewigkeit.

Und doch messen wir Gottes Treue und Großzügigkeit in unserem Leben nicht selten daran, was wir in der *Gegenwart* erleben! Genau das wollen uns ja auch viele Pastoren und Fernsehprediger beständig weismachen – dass der Lohn und der Segen Gottes für hier und heute bestimmt seien.

In dem Moment, in dem Sie sich auf das einlassen, was Jesus verkündigt hat, wird eine tonnenschwere Last von Ihnen abfallen.

Mose glaubte daran, dass Gott einen künftigen Lohn für ihn bereithält, und dank dieser Überzeugung machte er als Führer des Volkes Israel Geschichte. In Hebräer 11 lesen wir, dass er bewusst auf die Ehren eines Mitglieds der königlichen Familie am Hofe des Pharaos verzichtete, »denn er dachte an den künftigen Lohn« (Vers 26). Der Glaube, dass Gott sein Wort erfüllen würde, half Mose dabei, 40 Jahre voller Rebellion, Gefahr und Anfechtung in der Wüste zu überstehen. Zugegeben, es bedarf eines großen Glaubens, wenn wir wirklich ernst nehmen wollen, was Jesus im Hinblick auf unsere Errettung und auf unseren ewigen Lohn gesagt hat. Doch wenn wir einmal ganz realistisch darüber nachdenken, tun wir auch viele ganz alltägliche Dinge aus dem Glauben heraus. Wir handeln in gutem Glauben, wenn wir wochenlang zur Arbeit gehen, bevor wir unser Gehalt ausgezahlt bekommen. Wir handeln in gutem Glauben, wenn wir jahrelang in die Rentenkasse einzahlen oder wenn wir viele, viele Stunden für einen Wettkampf trainieren. (In einem Fitnesscenter habe ich einmal jemanden mit einem T-Shirt gesehen, dessen Aufschrift mir irgendwie im Gedächtnis geblieben ist: »Heute mächtig schwitzen. Morgen mächtig spielen.«)

Als Menschen, die Jesus nachfolgen, verlieren wir leicht den Blick dafür, dass dasselbe auch auf die Ewigkeit zutrifft. Wenn wir im Hier und Jetzt leer ausgehen, kommen uns allzu rasch Zweifel an Gott. Möglicherweise geben wir den Dienst für Gott sogar ganz auf.

Deshalb heißt es ein wenig vorher im selben Kapitel, in dem das Beispiel des Mose beschrieben wird: »Ohne Glauben aber ist es unmöglich, Gott zu gefallen; denn wer zu Gott kommen will, muss glauben, dass er ist und dass er denen, die ihn suchen, ihren Lohn geben wird« (Vers 6). Kommen Ihnen manchmal Zweifel an der Güte Gottes? Und an seiner Treue? Und daran, dass er es wirklich gut mit Ihnen meint? Vielleicht müssen Sie einfach nur Ihren zeitlichen Horizont ein wenig erweitern.

Er hat uns aufgetragen, im Dienst für ihn unser Bestes zu geben. Dabei sollten wir unsere heutigen Umstände aber nicht als Beleg seiner Untreue oder Ungerechtigkeit missdeuten, sondern auf die herrliche Zukunft schauen, die er uns verheißen hat.

Anregung für Ihr Tagebuch

Habe ich im Hinblick auf die Belohnung, die Gott mir zugesagt hat, einen falschen Zeithorizont? Welche praktischen Auswirkungen hätte es in meinem Leben, wenn ich Gottes Zusage neu und tiefer vertrauen würde?

Was ihr braucht, ist Ausdauer, damit ihr den Willen Gottes erfüllen könnt und so das verheißene Gut erlangt. Denn nur noch eine kurze Zeit, dann wird der kommen, der kommen soll, und er bleibt nicht aus. Mein Gerechter aber wird durch den Glauben leben.

Hebräer 10,36–38

Vom Anfang bis zum Ende ist die Schrift voll von Zusagen, was unsere Belohnung angeht. Auf diese Erwartung hin haben die großen Personen der Bibel gelebt und gehandelt.

Josiah Pratt

6. Tag

In ihm leben

Wenn einer mir dienen will, folge er mir nach; und wo ich bin,
dort wird auch mein Diener sein.
Wenn einer mir dient, wird der Vater ihn ehren.
Johannes 12,26

Kürzlich aß ich mit zwei Männern zu Abend, die beide wohl weit mehr als 100 Millionen Dollar besitzen dürften. Howard und Karl sind überaus anständige Männer, die Jesus schon seit vielen Jahren bewusst nachfolgen und die durch ihre Großzügigkeit und ihr gesellschaftliches Engagement schon sehr viel Gutes bewirkt haben. Ich hatte jedoch die Vermutung, dass die beiden sich noch nicht allzu viele Gedanken über ihre Belohnung in der Ewigkeit gemacht hatten. So fasste ich den Entschluss, sie in einer Weise auf dieses Thema aufmerksam zu machen, die ihnen gewiss in Erinnerung bleiben würde.

Vorsichtig fragte ich sie: »Ich nehme an, eure Mitarbeiter wissen, wie hoch ihr Gehalt am Ende des Monats ausfallen wird. Das heißt, sie wissen, dass ihr Chef nicht einfach irgendeinen Betrag aus der Tombola zieht.« Die beiden lachten.

Ich fuhr fort: »Und ich vermute auch, dass ihr eine Art Erfolgskontrolle für eure Angestellten eingeführt habt. Oder gibt es so etwas bei euch nur für einen Teil der Mitarbeiter?«

Beide versicherten mir, dass ausnahmslos jeder Mitarbeiter Leistungskontrollen unterläge, selbst der stellvertretende Direktor.

Ich fragte weiter: »Belohnt ihr eure Leute danach, wie gut sie die Dinge tun, die ihnen gerade eben einfallen, oder danach, wie zielgerichtet sie an den Aufgaben arbeiten, für die sie eingestellt wurden?«

Howard und Karl wussten natürlich inzwischen, dass ich auf etwas Bestimmtes hinauswollte, aber sie entschlossen sich, brav mitzuspielen. »Natürlich danach, wie gut sie die Dinge tun, für die wir sie eingestellt haben«, sagte Karl mit einem verschmitzten Lächeln.

Dann fragte ich: »Wenn ihr also den Erfolg eines Mitarbeiters einschätzt, was messt ihr? Seine guten Absichten oder seine Erfolge?«

»Wir messen den Erfolg«, antworteten beide einhellig.
»Warum sollte Gott mit uns anders verfahren?«, fragte ich. »Wenn Gott wirklich die Güte und Weisheit in Person ist, warum sollte er dann nicht ganz ähnliche Kriterien ansetzen?«
Die beiden Männer saßen nachdenklich da. Schließlich sagte Howard: »Ich war immer der Überzeugung, Gott erwarte von mir lediglich, dass ich an Jesus glaube und versuche, ein anständiges Leben zu führen, und dass ich es ihm überlasse, welche Resultate daraus erwachsen.« Er zögerte einen Moment. »Dabei leite ich mein eigenes Unternehmen nach ganz anderen Gesichtspunkten.«
Doch was für ein Chef ist unser Gott? Und was erwartet er von uns, seinen »Angestellten«?
In der Tat haben die meisten Christen, die ich kenne – selbst diejenigen, die ihr Leben lang zur Kirche gegangen sind –, genauso wenig Ahnung davon, wie Gott »sein Geschäft führt«.
Vielleicht fühlen Sie sich unwohl dabei, wenn wir hier Begriffe aus dem Wirtschaftsleben benutzen, um geistliche Inhalte zu beschreiben. Obwohl damit natürlich bei weitem nicht alle Aspekte unserer Beziehung zu Gott abgedeckt sind, ist es durchaus zutreffend und sinnvoll, wenn wir uns Gott als unseren Arbeitgeber vorstellen. Jesus selbst erzählte wiederholt Geschichten, in denen von Dienern (Angestellten) und ihren Herren (Arbeitgebern) die Rede war, um zu verdeutlichen, was er von uns erwartet.
Gott, unser »Arbeitgeber«, führt ein Unternehmen, neben dem die multinationalen Konzerne wie die, denen Howard und Karl vorstehen, wie Würstchenbuden aussehen. Und er hat ein klares Ziel vor Augen. Die Bibel gibt auf jeder Seite Zeugnis davon, wie ernst es Gott damit ist, dieses Ziel zu erreichen.
Was aber will Gott?
Gott will die ganze Welt. Dafür gab er sogar das Leben seines einzigen Sohnes. Sein Ziel ist es, dass bis in den letzten Winkel der Welt jeder Mensch von dem neuen Leben erfährt, das er uns anbietet. Jeder von uns ist eingeladen, sich mit seinem Leben ganz in den Dienst dieser Mission zu stellen. Am Ende werden wir vor Gott stehen, um Rechenschaft zu geben und unseren Lohn zu empfangen. Gott hat uns die

Garantie gegeben, dass wir in der Ewigkeit von dem Lohn zehren werden, den er uns als Gegenleistung für unsere Dienste geben wird.
Über eines müssen wir uns freilich im Klaren sein: Als Jesus seinen Freunden zusagte, dass ihr Einsatz hundertfach belohnt werden würde, was erwartete er da von ihnen? Die Antwort lautet: *alles*!
Kurz zuvor hatte Petrus zu Jesus gesagt: »Du weißt, wir haben alles verlassen und sind dir nachgefolgt« (Matthäus 19,27). Prüfungen, Widerstände, Verfolgung, ja sogar der Tod – all das lag vor ihnen. Dennoch ließ Jesus auch nicht den Deut eines Zweifels daran, dass die Berufung, die er für ihr Leben hatte, all diese Opfer wert war.
Wenn Sie Jesus Christus als Ihren Erlöser angenommen haben, dann erwartet er von Ihnen, dass Sie ihm Ihr Leben überlassen. Sie sollen aber auch wissen, dass sich der ganze Einsatz lohnt. Wir sind eingeladen, uns von ganzem Herzen, ganzer Seele, mit unserem ganzen Verstand und all unserer Kraft für seine Ziele in den Dienst nehmen zu lassen.
Sein Ziel aber ist noch immer dasselbe: die ganze Welt zu erreichen.

Anregung für Ihr Tagebuch

Lieber Herr, bitte vergib mir, dass ich nicht verstanden habe, dass du mich mit einem ganz klaren Ziel »eingestellt« hast und dass ich dir eines Tages dafür Rechenschaft geben muss. Ab heute soll sich das ändern …

Der wichtigste Gedanke, der mir je durch den Kopf ging,
ist der, dass ich persönlich Gott gegenüber eine Verantwortung habe.
Daniel Webster

Darum geht zu allen Völkern und macht alle Menschen
zu meinen Jüngern;
tauft sie auf den Namen des Vaters und des Sohnes
und des Heiligen Geistes und lehrt sie,
alles zu befolgen, was ich euch geboten habe.
Seid gewiss: Ich bin bei euch alle Tage bis zum Ende der Welt.
Matthäus 28,19–20

7. Tag

Auf der hohen Kante

Lass aber auch die Unseren lernen,
sich für die notwendigen Bedürfnisse um gute Werke zu bemühen,
damit sie nicht unfruchtbar seien!
Titus 3,14 (Elberfelder)

Zu Anfang unserer Ehe hatten Darlene Marie und ich unsere »Traumbüchse«, ein Marmeladenglas, in dem wir über viele Monate hinweg Geld sparten. Unser Traum war es, einen Teppich zu kaufen, um den kalten, harten Fußboden in unserem winzigen Haus ein wenig wohnlicher zu gestalten.

Eines Tages hatten wir über das Wochenende ein Missionarsehepaar zu Besuch. Die beiden taten schon seit vielen Jahren einen Dienst unter Armen in Übersee und kamen nun in unsere Stadt, um von ihrer Arbeit zu berichten. Als sie ihre Koffer auspackten, stellten wir fest, dass ihre Kleider in einem beklagenswerten Zustand waren.

Mein Blick und der meiner Frau trafen sich unvermittelt. Wir beide dachten dasselbe: *Das können sie unmöglich anziehen.* Doch leider hatten sie kein Geld, um sich etwas Neues zu kaufen, und auch wir hatten nichts ... außer dem Geld, das wir in unserer »Traumbüchse« gespart hatten.

Als Darlene und ich uns ins Schlafzimmer zurückgezogen hatten, waren wir beide sehr still. Einerseits wollten wir das Geld nicht verlieren, das wir für unseren Teppich gespart hatten, zum anderen wollten wir ihnen gerne neue Kleider kaufen. Wir spürten, dass Jesus uns dazu beauftragte. Gott sei Dank trafen wir die richtige Entscheidung.

Sie hätten die beiden am darauf folgenden Sonntagmorgen mal sehen sollen, wie sie in ihren neuen Kleidern erstrahlten! Auf diese Weise brachte unser Erspartes viel mehr Glanz hervor als auf unserem Fußboden. Obwohl wir nun noch einige Monate auf dem kalten Boden herumlaufen mussten, haben wir unsere Entscheidung niemals auch nur einen Moment bereut.

Wenn ich gefragt werde: »Was sind denn eigentlich die Dinge, die Gott belohnt?«, dann muss ich oft an diese Begebenheit denken. Meine Frau und ich wussten damals noch nichts von dem Lohn, den Jesus uns in der Ewigkeit verheißen hat, aber wir spürten ganz instinktiv, was Gott von uns erwartete und dass er Gefallen an unserem Gehorsam haben würde.

Wenn wir einfach nur die Dinge tun, die Gott ganz offenkundig von uns will, dann sind wir automatisch auf der richtigen Fährte. Mir ist aufgefallen, dass fast jeder eine Ahnung davon hat, wie die Werke aussehen, die Gott gefallen, auch wenn ihm nicht bewusst ist, dass Gott ihn dafür belohnen will.

Unser heutiger Bibelvers beschreibt gute Werke schlicht und einfach als »notwendige Bedürfnisse«. In der Bibel finden wir dafür viele praktische Beispiele: Hungrige speisen, sich für Frieden und Gerechtigkeit einsetzen, Fremde beherbergen sowie Schwache, Einsame, Arme, Witwen und Waisen unterstützen. Darüber hinaus sollen wir das Evangelium verbreiten (vgl. Apostelgeschichte 10,42), Menschen zu Jüngern machen (vgl. Matthäus 28,19), einander unsere Lasten abnehmen (vgl. Galater 6,2), für unsere Regierung beten (vgl. 1. Timotheus 2,1–2) und das Werk Gottes unterstützen (vgl. 2. Korinther 9,12–13). Gute Werke sind Dinge, die wir aus den richtigen Motiven heraus tun, die Gottes Reich vorantreiben und Gott Ehre machen. Wann immer wir tun, was Gott uns aufgetragen hat, sind wir mitten im Zentrum seines Willens. Hier erfahren wir seine Kraft am unmittelbarsten, haben Anteil an seiner Freude und finden die größte Erfüllung. Dies sind zugleich die Dinge, für die er uns den größten Lohn in der Ewigkeit verheißen hat.

Die Werke, die uns Gottes Lohn eintragen, sind freilich mehr als nur gute Vorsätze, edle Gedanken oder erhabene geistliche Gefühle. Allzu leicht verwechseln wir die gute Stimmung, die wir im Gottesdienst erleben, mit den guten Werken, zu denen wir berufen sind. Vieles von dem, was wir in der Gemeinde oder wo auch immer an Zeit investieren, fühlt sich deshalb so gut an, weil wir von anderen dafür bewundert werden.

Vielleicht ist dies auch der Grund, warum Paulus die Galater aufforderte: »Jeder prüfe sein eigenes Tun« (Galater 6,4). Wir müssen Weisheit walten lassen und sichergehen, dass wir wie Jesus die Werke des Vaters mit dem Herzen des Vaters tun (vgl. Johannes 5,20).

Zweifeln Sie niemals daran, dass Gott einen Plan hat, wie Sie ihm mit Ihren Gaben und Möglichkeiten in einer herausfordernden und bedeutungsvollen Weise dienen können. Sie müssen sich freilich darüber im Klaren sein, dass sein Auftrag ganz anders aussehen kann als die Vorstellungen, die Sie in Ihrer »Traumbüchse« gesammelt haben. Ich habe jedoch die Erfahrung gemacht, dass wir von einer tiefen Freude ergriffen werden, wenn wir eine drängende Not sehen und uns darauf einlassen, Gottes Werk voranzutreiben, auch wenn wir dabei auf etwas verzichten müssen, was uns sehr am Herzen gelegen hätte.

Anregung für Ihr Tagebuch

Welche dringenden Bedürfnisse sehe ich bei anderen? Was könnte ich dazu beitragen, um hier Abhilfe zu schaffen?

Der Mensch hat zwei zentrale geistliche Bedürfnisse.
Eines davon ist das Bedürfnis nach Vergebung,
das andere ist das Bedürfnis nach Güte und Gerechtigkeit.
Billy Graham

8. Tag

Seine Werke und Ihre Werke

Jesus sprach zu ihnen: »Meine Speise ist es,
den Willen dessen zu tun, der mich gesandt hat,
und sein Werk zu Ende zu führen.«
Johannes 4,34

Ist Ihnen schon einmal aufgefallen, wie enthusiastisch Jesus dabei war, die Werke seines Vaters zu tun? Als er gerade erst zwölf Jahre alt war, sagte er zu Maria und Josef: »Wusstet ihr nicht, dass ich in dem sein muss, was meinem Vater gehört?« (Lukas 2,49). Zu Beginn seines öffentlichen Wirkens beschrieb Jesus seine Aufgabe wie folgt: »Meine Speise ist es, den Willen dessen zu tun, der mich gesandt hat, und sein Werk zu Ende zu führen« (Johannes 4,34).

Gegen Ende seines irdischen Lebens schließlich betete Jesus: »Ich habe dich auf der Erde verherrlicht und das Werk zu Ende geführt, das du mir aufgetragen hast« (Johannes 17,4). Das Werk der Erlösung, die Jesus für uns erwirkte, wurde am Kreuz vollendet, deshalb konnte Jesus ausrufen: »Es ist vollbracht!« (Johannes 19,30).

Sehen Sie, es gibt nichts, was wir zum Werk Jesu am Kreuz noch beitragen könnten. Zugleich können wir ohne seine Hilfe selbst *unsere* Werke nicht vollenden! Als Jesus seinen Jüngern auftrug, »viel Frucht« zu bringen, warnte er sie im selben Atemzug: »Getrennt von mir könnt ihr nichts vollbringen« (Johannes 15,5).

Auch wenn wir es sind, die das gute Werk tun, muss Gott letztlich die Quelle sein – ansonsten ist es »nichts« wert. Deshalb sprach Jesus davon, dass das Geheimnis eines wirklich fruchtbaren Lebens darin besteht, in ihm zu bleiben: »Ich bin der Weinstock, ihr seid die Reben. Wer in mir bleibt und in wem ich bleibe, der bringt reiche Frucht« (Johannes 15,5). Das bedeutet, dass wir nur aus einer engen Verbindung mit Jesus heraus die Werke tun können, die uns eine Belohnung im Himmel eintragen.

Paulus brachte den Korinthern diese Wahrheit in einer ganz einzigartigen Weise nahe: »In seiner Macht kann Gott alle Gaben über euch ausschütten, sodass euch allezeit in allem alles Nötige ausreichend zur Verfügung steht und ihr noch genug habt, um allen Gutes zu tun« (2. Korinther 9,8).
Welch ein herrliches Bild der Liebe und Großzügigkeit Gottes. Er ermöglicht es uns, gute Werke zu tun, und dann belohnt er uns auch noch für alles, was wir für ihn tun, obwohl wir ihm niemals genug dienen könnten, um allein seine Liebe zurückzuzahlen. Wie Sie in der folgenden Tabelle sehen, ist nicht nur das Geschenk der Erlösung ein Ausdruck der Gnade Gottes, sondern auch der Lohn, den er uns für unsere guten Werke geben wird. Beide sind vollkommen unverdient. Sie sind souveräne Zeichen der Großmut unseres Gottes.

Errettung	Belohnung
Jesus hat etwas für mich. Geschieht bei einem Gericht, unmittelbar nach meinem Tod.	Ich habe etwas für Jesus. Geschieht bei einem Gericht zu einem späteren Zeitpunkt in der Ewigkeit.
Hat etwas damit zu tun, wo ich die Ewigkeit verbringen werde – im Himmel oder in der Hölle.	Hat etwas mit der Vergeltung zu tun, die mir dort zuteil wird (Lohn oder Strafe).
Hängt davon ab, ob ich vor meinem Tod an Jesus geglaubt habe.	Hängt davon ab, was ich vor meinem Tod für Gott getan habe.
Ist Ausdruck der Güte und Gnade Gottes.	Ist Ausdruck der Güte und Gnade Gottes.

Wenn wir uns vor Augen halten, welch ein unvorstellbares Geschenk Gott uns gemacht hat, um unsere Erlösung zu erwirken, nämlich das Leben seines einzigen Sohnes, dann sollte es uns nicht weiter verwun-

dern, dass er so großzügig ist, die Dinge, die wir für seinen Sohn tun, auch noch reichlich zu belohnen!
Wenn Sie heute durch den Tag gehen, dann erinnern Sie sich daran, wie sehr Gott Sie liebt. Um Ihnen das Tor zur Ewigkeit zu öffnen, gab er Ihnen das unverdiente Geschenk der Erlösung, mehr noch, er schenkt Ihnen – ebenfalls völlig unverdient – eine ewige Belohnung. Die Kraft Gottes ist mit Ihnen; sie ermöglicht es Ihnen, große Dinge für ihn zu vollbringen. Was könnten Sie heute tun, um Gott zu zeigen, wie sehr Sie all das wertschätzen, was er Ihnen geschenkt hat?

Anregung für Ihr Tagebuch

In welchem Maße vertraue ich auf Gottes Kraft, um sein Werk zu tun? Inwieweit könnte es mir eine Hilfe sein, mehr in ihm zu bleiben, sprich: mehr Zeit mit ihm zu verbringen?

Augustinus sagte, dass wir es allein durch Gottes Gnade vermögen,
etwas auch nur annähernd Gutes zu tun,
und dass keines unserer Werke gut genug ist,
dass Gott uns dafür belohnen müsste.
Indem Gott sich dennoch dazu entscheidet,
uns auf der Basis unseres Gehorsams oder Ungehorsams
zu vergelten oder zu belohnen,
so Augustinus, krönt er sein eigenes Werk in unserem Leben.
R. C. Sproul

Wer hat mein Stück Torte gegessen?

Wer pflanzt und wer begießt:
Beide arbeiten am gleichen Werk,
jeder aber erhält seinen besonderen Lohn,
je nach der Mühe, die er aufgewendet hat.
1. Korinther 3,8

Wie geht es Ihnen inzwischen damit, auf eine ewige Belohnung hinzuleben? Wenn die anfängliche Überraschung erst einmal überwunden ist, sehen sich die meisten Menschen einer Motivationskrise gegenüber. Sie sagen sich: *Ich möchte Gott doch dienen, weil ich ihn liebe. Da brauche ich doch keine Belohnung und ich will auch gar keine.*

Eine Frau sagte einmal ganz offen zu mir: »Jedes Mal, wenn Sie das Wort Belohnung erwähnen, komme ich mir so ungeistlich vor!«

Können Sie dieses Gefühl nachempfinden? Wenn ja, dann möchte ich Ihnen heute Mut machen. Die Tatsache, dass Sie das stört, spricht für Sie! Offenbar ist Ihnen nicht nur daran gelegen, das Richtige zu tun, Sie möchten es auch aus den richtigen Motiven heraus tun. In Ihrer Beziehung zu Gott geht es Ihnen um Echtheit und Integrität. Sie sind völlig zu Recht darauf bedacht, jeden Hauch von Ichbezogenheit und selbstsüchtiger Habgier in Ihrem Leben zu vermeiden.

Ist es selbstsüchtig und habgierig, wenn wir unseren Blick auf Gottes Belohnung richten?

Tatsache ist, dass Gott uns als komplexe Wesen geschaffen hat, die ihre Entscheidungen aus einer Fülle von verschiedenen Beweggründen heraus treffen. Mitunter ist es nicht ganz einfach, hier sauber zu trennen. Manchmal handeln wir aus einer Mischung von guten und schlechten Motiven heraus; in anderen Fällen ist es ein Bündel von verschiedenen Motiven, die alle miteinander gut und richtig sind. Wenn wir Gutes tun, haben wir in aller Regel mehrere richtige Gründe.

In 2. Korinther 5 lesen wir, dass Paulus aus drei verschiedenen Beweggründen heraus handelte, von denen einer die Hoffnung auf Belohnung war:

1. Die Hoffnung auf einen Lohn: »Deswegen suchen wir unsere Ehre darin, ihm zu gefallen ... Denn wir alle müssen vor dem Richterstuhl Christi offenbar werden, damit jeder seinen Lohn empfängt ...« (Verse 9–10).
2. Die Ehrfurcht vor Gott und das Bewusstsein, ihm gegenüber eine Verantwortung zu haben: »So versuchen wir, erfüllt von Ehrfurcht vor dem Herrn, Menschen zu gewinnen ...« (Vers 11).
3. Die Liebe zu Gott: »Denn die Liebe Christi drängt uns ...« (Vers 14).

All diese Motive kamen bei Paulus zusammen und sorgten dafür, dass er Gott mit ganzer Entschiedenheit diente. Waren seine Motive selbstsüchtig, nur weil er unter anderem auch an die verheißene Belohnung dachte? Keineswegs.
Wenn Sie heute Ihre eigenen Motive erforschen und sich fragen, warum Sie tun, was Gott Ihnen aufgetragen hat, dann lassen Sie mich Ihnen noch eine Reihe von weiteren Beweggründen nennen, weshalb es sehr wohl in Ordnung ist, wenn wir nach Gottes Belohnung Ausschau halten:

- *Weil es Gottes Idee ist, uns zu belohnen, nicht unsere eigene.*
  Wenn Sie sich entschlossen haben, Ihr Kind für die Erfüllung einer Aufgabe zu belohnen, wären Sie dann etwa beleidigt, wenn die Aussicht auf Belohnung seine Motivation erhöhen würde? Und wenn Ihr Kind am Ende tatsächlich käme, um seine Belohnung einzufordern, würden Sie es dafür tadeln und sagen: »Du erwartest also tatsächlich, dass ich dir eine Belohnung gebe? Ich fasse es nicht!«? Wohl kaum.
- *Weil wir uns unsere ewige Belohnung nur durch Selbstlosigkeit erwerben können.*
  Gute Werke, die wir für Gott tun, können per Definition nicht selbstsüchtig sein. Jesus sagte, die Pharisäer würden deshalb keinen

Lohn empfangen, weil sie aus den falschen Motiven heraus handelten (vgl. Matthäus 23,14). Gott belohnt niemals Selbstsucht, nur Selbstlosigkeit.

- *Weil unsere ewige Belohnung ganz auf uns zugeschnitten ist und niemanden benachteiligt.*
  Wer selbstsüchtig ist, verschafft sich auf Kosten anderer einen Vorteil, indem er etwas für sich selbst beansprucht und verhindert, dass andere Anteil daran bekommen. Dies ist zum Beispiel der Fall, wenn Sie das letzte Stückchen Torte aufessen, obwohl Sie wissen, dass Ihr Ehepartner auch gerne etwas davon gehabt hätte. Gott jedoch belohnt uns aus seiner unendlichen Fülle heraus auf eine ganz persönliche Weise. Wenn Sie Ihren Lohn empfangen, dann geht dadurch keinem anderen etwas ab, das diesem rechtmäßig zugestanden hätte.
- *Weil Gott das Recht hat, mit seinem Eigentum zu tun, was ihm gefällt.*
  Im Gleichnis von den Arbeitern im Weinberg sprach Jesus davon, wie Gott zum Thema »Belohnung« steht. Als einige der Arbeiter den Besitzer des Weinbergs wegen seiner Lohnpolitik kritisierten, sagte er: »Darf ich mit dem, was mir gehört, nicht tun, was ich will? Oder bist du neidisch, weil ich zu anderen gütig bin?« (Matthäus 20,15).
- *Weil Gott uns nicht in Versuchung führen kann!*
  Jedes Motiv, das von Gott kommt, ist vollkommen rein und frei von jeglicher Form von Manipulation (vgl. Jakobus 1,13). Weiterhin fordert uns Gott in seinem Wort selbst dazu auf, ihm zu glauben und im Vertrauen darauf zu handeln, dass er ein Belohner ist (vgl. Hebräer 11,6).

Lieber Leser, bitte beenden Sie dieses Kapitel nicht mit der Vorstellung, dass ewige Belohnungen gewissermaßen ein Bonus für einige wenige, besonders ambitionierte Christen sind. Es war Gottes Idee, uns zu belohnen, und er selbst hat uns dies in seinem Wort offenbart. Deshalb hat es überhaupt nichts Ichbezogenes, wenn wir uns entschließen, auf diese Belohnung hinzuleben. Wir kommen einfach nicht darum herum, es zu tun.

Ich darf Ihnen jedoch versichern, dass wir uns in den nächsten Tagen ausgiebig mit einer Vielzahl von Fragen und Vorbehalten beschäftigen werden, die Ihnen möglicherweise noch geblieben sind, bis Sie Gottes Pläne und Absichten für Ihr Leben in einem völlig neuen Licht sehen können.

Anregung für Ihr Tagebuch

Welche guten Werke habe ich in der vergangenen Woche getan? Welche verschiedenen Beweggründe haben mich dazu motiviert? Inwieweit waren sie mir eine Hilfe?

Wenn wir uns vor Augen halten,
wie in den Evangelien unverhohlen eine reiche Belohnung
verheißen wird und welcher Art dieser angekündigte Lohn sein soll,
dann möchte man sogar meinen, dass unser Herr
unseren Wunsch nach Belohnung keineswegs als übertrieben ansieht,
sondern, im Gegenteil, als untertrieben.
C. S. Lewis

Vor deinem Angesicht herrscht Freude in Fülle,
zu deiner Rechten Wonne für alle Zeit.
Psalm 16,11

10. Tag

Keine Zeit zu verlieren

Achtet also sorgfältig darauf, wie ihr euer Leben führt,
nicht töricht, sondern klug. Nutzt die Zeit;
denn diese Tage sind böse. Darum seid nicht unverständig,
sondern begreift, was der Wille des Herrn ist.
Epheser 5,15–17

Nach Michelangelos Tod fand man in seiner Werkstatt eine Notiz, die er an einen seiner Schüler geschrieben hatte. Darauf stand: »Zeichne, Antonio! Zeichne! Du musst zeichnen und keine Zeit verlieren.«

Der große Meister wusste, dass die Zeit für jeden, der im Leben viel erreichen will, ein Freund und ein Feind zugleich ist. Wenn man ein lohnendes Ziel vor Augen hat, dann gilt es, nicht eine Stunde zu verlieren.

Auch die Gelegenheit, etwas für Gott zu tun und uns dafür einen Lohn zu verdienen, wird nicht für immer bestehen. Sie endet in dem Moment, in dem unser Herz zu schlagen aufhört. Doch die Auswirkungen dessen, was wir im Laufe unseres Lebens für Gott tun, sind fast unbegrenzt, denn sie reichen in die Ewigkeit hinein. Kein Wunder also, dass Paulus die Empfänger seiner Briefe wiederholt dazu auffordert, die Zeit zu nutzen (vgl. Epheser 5,16; Kolosser 4,5).

Ganz gleich, wie nobel unsere Werke auch sein mögen, alle Zeit, die wir darauf verwenden, Gutes zu tun, ist letztlich vergeudet, wenn wir nicht für Gott tätig sind. Setzen wir unsere Zeit jedoch für ihn ein, dann wird er uns dafür belohnen.

Denken Sie daran: Es geht Gott nicht darum, dass wir superheilig oder berühmt werden. Wonach er Ausschau hält, sind *Sie*. Es gibt Menschen, die niemand anders zu erreichen vermag als *Sie*, Orte, an die nur *Sie* gehen, und Worte, die nur *Sie* sagen können. Gott möchte Sie gebrauchen, nicht *trotz* Ihrer Lebensumstände, sondern gerade *weil* Ihre Lebensumstände so sind, wie sie sind. Jeder Mensch, der auf dieser Erde lebt, hat jeden Tag 24 Stunden zur Verfügung, und er hat die Möglichkeit, diese Zeit in schöpferischer Weise für Gott zu nutzen.

Vielleicht sind Sie eine junge Mutter, die mit ihren kleinen Kindern und einem Baby zu Hause sitzt. Niemand kann besser ermessen, wie bedeutungsvoll die Dinge sind, die Sie jeden Tag tun, als Gott. Er weiß um alles, was Sie opfern, um jede Windel, die Sie wechseln, um jedes Gebet in der Nacht, wenn eines Ihrer Kinder krank ist.

Vielleicht sind Sie ein Student, der in einer fremden Stadt studiert. Gott sieht es, wenn Sie sich ganz bewusst dazu entschließen, bei Ihren Prüfungen nicht zu betrügen. Jedes Mal, wenn Sie gegen den Widerstand Ihrer Umgebung für Ihren Glauben eintreten, ruft Gott Ihnen zu: »Freue dich und jauchze!« (vgl. Lukas 6,23).

Vielleicht sind Sie Geschäftsmann, LKW-Fahrer oder Büroangestellter. Was auch immer Sie tun, Gott hat an diesem Tag bestimmte Dinge für Sie im Sinn, und wie Sie sich in Bezug auf diese Dinge entscheiden werden, hat Auswirkungen für Sie und für andere, die weit in die Zukunft reichen.

Während Sie dieses Buch lesen, denken Sie vielleicht daran, Ihrem Leben eine radikal andere Richtung zu geben und es ganz bewusst auf Gottes Belohnung auszurichten. Zugleich haben Sie jedoch den Eindruck, dass Sie dabei gegen gewaltige Widerstände angehen müssen. Wenn Sie sich mit anderen vergleichen, die nicht dieselben Fehler gemacht haben wie Sie, dann schwindet Ihr Mut. Ihren Möglichkeiten sind durch Ihren Mangel an Fähigkeiten, durch Ihr Alter und Ihre Lebensumstände einfach Grenzen gesetzt.

Doch wenn Gott Ihnen ein Werk zuteilt, dann schaut er nach dem, was Sie haben, nicht nach dem, was Ihnen fehlt (vgl. 2. Korinther 8,12). Im Gleichnis vom anvertrauten Geld macht Jesus unmissverständlich klar, dass unser Herr uns danach beurteilt, was wir aus den Möglichkeiten gemacht haben, die uns zur Verfügung standen (vgl. Matthäus 25,14–30).

Gott wartet darauf, das gute Werk, das er in Ihnen begonnen hat, auch zu vollenden (vgl. Philipper 1,6), und der heutige Tag soll ein Schritt auf diesem Weg sein. Gehen Sie mit offenen Augen durch die Welt und entdecken Sie die Menschen mit ihren Bedürfnissen und Nöten. In dem Buch *Das Gebet des Jabez* haben wir Ihren Wirkungskreis auch als Ihr »Gebiet« bezeichnet. Es gehört Ihnen, Ihnen allein, und zwar aus einem einzigen Grund: Ihr persönliches Umfeld verschafft Ihnen die Möglichkeit, durch Gottes Gnade etwas in Ihrer Welt zu verändern und Ihr ewiges Schicksal auf diese Weise zu beeinflussen.

Packen Sie also zu, lieben Sie, beten Sie, geben Sie. Tun Sie die Dinge, zu denen Gott Sie begabt hat, zu seiner Ehre.

Und verlieren Sie keine Zeit.

Anregung für Ihr Tagebuch

Welche drei Dinge in meinem Leben sind pure Zeitverschwendung? Wie könnte ich sie durch sinnvolle Aktivitäten ersetzen?

Heute ist die Zeit für Veränderung; es kommt ein Tag,
an dem es keine Veränderungen mehr geben wird.
Heute ist die Zeit für Entwicklung; es kommt ein Tag,
an dem wir die bleiben werden, die wir geworden sind
– und zwar bis in alle Ewigkeit.
Dr. Earl Rademacher

Und ich bete darum, dass eure Liebe immer noch reicher
an Einsicht und Verständnis wird,
damit ihr beurteilen könnt, worauf es ankommt.
Dann werdet ihr rein und ohne Tadel sein für den Tag Christi,
reich an der Frucht der Gerechtigkeit, die Jesus Christus gibt,
zur Ehre und zum Lob Gottes.
Philipper 1,9–11

Mögen si… hen

vergegenwärtigen, dass ihre Werke

durch das Feuer geprüft werden müssen,

und mögen sie sich vor Augen führen,

welches Urteil am Gerichtstage

über sie gesprochen wird.

Zweite Woche

Die gute Nachricht von der bema

*Mögen sich alle Menschen vergegenwärtigen,
dass ihre Werke durch das Feuer geprüft werden müssen,
und mögen sie sich vor Augen führen, welches Urteil am
Gerichtstage über sie gesprochen wird.*

Matthew Henry

11. Tag

Die Person auf dem Richterstuhl

Auch richtet der Vater niemand,
sondern er hat das Gericht ganz dem Sohn übertragen,
damit alle den Sohn ehren, wie sie den Vater ehren.
Johannes 5,22–23

Bis ganz zum Ende seines Lebens war Paulus voller Vorfreude auf »jenen Tag«, an dem er vor Jesus, seinem Richter, erscheinen würde (2. Timotheus 4,8). Martin Luther hat einmal gesagt, dass es in seinem Leben nur zwei Tage gäbe: den heutigen und »jenen Tag«.

Um welchen Tag mag es da wohl gehen? Und was macht diesen Tag so wichtig? Wenn es sich dabei auch noch um einen Gerichtstag handelt, warum sollte sich irgendjemand ernsthaft darauf freuen?

In dieser Woche werden wir uns mit der erstaunlichen Tatsache befassen, dass die Botschaft vom Gericht in der Tat eine der wichtigsten, hoffnungsvollsten und motivierendsten des Neuen Testamentes ist.

Wir wollen in Gedanken zunächst einen kurzen Abstecher nach Griechenland machen. Die heiße Mittelmeersonne brennt auf abgewetzte Marmorblöcke und umgestürzte Säulen nieder, die von bunten Blumen überwuchert sind. Wir befinden uns in den Ruinen des alten Korinth. Auf dem großen freien Platz, der früher einmal der Marktplatz war, fällt Ihnen sofort eine eindrucksvolle Marmorplattform auf, die den Ort überragt.

An genau dieser Stelle stand vor vielen hundert Jahren auch der Apostel Paulus und musste sich für den Vorwurf verantworten, er würde die Leute dazu verführen, Gott auf eine unrechtmäßige Art und Weise anzubeten (vgl. Apostelgeschichte 18,13). Wissenschaftler meinen, dass diese erhöhte Marmorplattform, die man heute noch in den Ruinen des alten Korinth besichtigen kann, derselbe Ort ist, an dem der Magistrat Gallio über Paulus zu Gericht saß. Er sprach Paulus damals von allen Vorwürfen frei.

Diese Plattform wurde *bema* genannt, was im Griechischen so viel bedeutete wie *Richterstuhl*. Auch die Schiedsrichter bei Sportwettkämpfen saßen auf einer *bema*. Zur Zeit Jesu war dieser Begriff untrennbar mit Autorität, Rechtsprechung und Auszeichnung verknüpft.
Drei Jahre nachdem Paulus vor der *bema* in Korinth gestanden hatte, schrieb er der Gemeinde in Korinth einen Brief, in dem er die Gläubigen dort ermahnte, in einer bestimmten Weise zu leben – in dem Bewusstsein nämlich, dass sie eines Tages vor der *bema* Christi stehen würden:

Denn wir alle müssen vor dem Richterstuhl Christi offenbar werden, damit jeder seinen Lohn empfängt für das Gute oder Böse, das er im irdischen Leben getan hat.
2. Korinther 5,10

Paulus sprach in diesem Wort über denselben Tag der Vergeltung, auf den auch Jesus Bezug nahm, als er sagte: »Der Menschensohn wird ... kommen und jedem Menschen vergelten, wie es seine Taten verdienen« (Matthäus 16,27).
Paulus war sich stets darüber im Klaren, dass Gott sein Leben eines Tages mit den Augen seiner vollkommenen Gerechtigkeit unter die Lupe nehmen und ihm seinen Lohn geben würde. Vieles von dem Eifer, den wir bei ihm sehen können, ist meines Erachtens nicht zuletzt auf dieses Bewusstsein zurückzuführen.
Und dennoch hatte diese Erkenntnis für Paulus nicht die Bedeutung, an die Sie jetzt vielleicht denken mögen. Paulus wusste nämlich, dass die vollkommene Gerechtigkeit der *bema* nicht durch ein übel meinendes, grimmiges Tribunal oder ein anonymes Gesetzbuch repräsentiert wird, sondern durch den Herrn Jesus Christus, die vollkommene Liebe in Person.
Was auch immer Ihnen heute begegnen mag, denken Sie immer daran, dass der Richter Ihres Lebens Jesus selbst sein wird, jener Jesus, der auf die Erde kam, der am eigenen Leib erfahren hat, was es heißt, Mensch zu sein, der Ihre Sorgen auf sich genommen hat und aus

freien Stücken für Sie gestorben ist, damit Sie ewiges Leben haben können. »[Der Vater] hat das Gericht ganz dem Sohn übertragen«, sagte Jesus (Johannes 5,22).
Erst wenn wir an jenem Tag vor diesem Jesus stehen, um unseren Anteil in Empfang zu nehmen, werden wir wirklich erkennen, wie unermesslich sein Erbarmen für uns ist und wie unerschütterlich er zu uns hält. Wir werden sehen, wie groß seine Freude ist, wenn er uns sagt: »Sehr gut, du bist ein tüchtiger und treuer Diener!«
Warum also dürfen Sie dem Tag der *bema* voller Freude entgegensehen?
Weil Sie ihm dort von Angesicht zu Angesicht gegenüberstehen werden. Weil der Name unseres Richters Jesus ist, können Sie den heutigen Tag hoffnungsvoll angehen und es ganz darauf anlegen, ihm zu gefallen.

Anregung für Ihr Tagebuch

Wie fühle ich mich bei dem Gedanken, dass ich einmal vor dem Richterstuhl Jesu Christi stehen werde? Welchen Einfluss hat der Gedanke an diesen Tag der Begegnung mit Jesus darauf, wie ich mein Leben mit Gott im Alltag gestalte?

Der Gläubige hat sein Fundament in Jesus Christus.
Auf dieses Fundament sollen wir bauen, und das Werk,
das wir tun, muss am Ende eine abschließende Prüfung bestehen.
Unser Abschlussexamen wird vor dem Richterstuhl Christi stattfinden,
wenn wir unseren Lohn empfangen.
Billy Graham

12. Tag

Die vergessene Wahrheit der *Bema*

Wir werden doch alle vor dem Richterstuhl Christi stehen.
Römer 14,10

Fast möchte man meinen, dass die allermeisten Christen in der heutigen Zeit jenen Tag, von dem sowohl Jesus als auch Paulus immer wieder mit so großer Dringlichkeit sprachen, völlig aus den Augen verloren haben.

Wie kommt das? Manche glauben vielleicht, dass das Gericht nur denjenigen gilt, die Jesus verworfen haben, nicht aber denen, die ihn als ihren Herrn angenommen haben. Andere denken möglicherweise, dass es keine Rolle mehr spielt, was wir aus den Aufgaben und Möglichkeiten unseres Lebens gemacht haben, weil wir als Christen von der Sünde errettet wurden. Viele sind einfach unwissend.

Was würden Sie sagen? Würden Sie dieser Einschätzung zustimmen? Die Bibel trifft klare Aussagen darüber, wie Menschen, die an Jesus glauben, gerichtet werden. Im Folgenden möchte ich Ihnen einen kurzen Überblick zu diesem Thema geben und im Anschluss genauer darauf eingehen, welch ungeheuer praktische Bedeutung dies für uns alle hat.

In seinen Briefen vermittelt uns Paulus ein sehr klares Bild davon, was mit uns vor der *bema* Jesu geschehen wird (siehe angegebene Bibelstellen weiter unten). In *Ein Leben, das Gott belohnt* haben wir dieses Thema bereits sehr eingehend behandelt. In der folgenden Tabelle sind die wesentlichen Punkte noch einmal zusammengefasst.

Die vergessene Wahrheit über das Gericht über die Gläubigen	
Wie wird es genannt?	der Richterstuhl Christi (griechisch: *bema*)
Wer wird dort erscheinen?	jeder, der an Jesus glaubt und das Geschenk der Erlösung empfangen hat
Wer wird der Richter sein?	Jesus Christus
Wann wird es stattfinden?	bei der Wiederkunft Jesu
Wo?	im Himmel
Was wird gerichtet?	die Werke, die wir für Gott getan haben
Wie?	Unsere Werke werden durch Feuer geprüft.
Warum?	Je nachdem, ob unsere Werke Bestand haben, erhalten wir eine ewige Belohnung.

(Schlüsselpassagen: Römer 14,9–12; 1. Korinther 3,12–15; 2. Korinther 5,8–10)

Wenn Ihnen diese Gedanken ganz neu sind, wie fühlen Sie sich dabei, mit einer solchen Perspektive konfrontiert zu werden? Macht es Ihnen Angst? Stimmt es Sie hoffnungsvoll? Oder erschreckt es Sie? Viele Menschen fühlen sich zum einen in ihrem Glauben bestätigt, dass ihre Sünden im Himmel wirklich ausgelöscht sind, zum anderen sind sie jedoch überrascht, dass ihre Werke in der Ewigkeit noch eine Rolle spielen werden.

Menschen, die Jesus nachfolgen und sich nicht vor Augen halten, dass ein Gerichtstag auf sie wartet, leben in einer gefährlichen, falschen Annahme. Sie meinen, es gäbe weder Rechenschaft noch Lohn für die Dinge, die sie während ihres irdischen Lebens getan haben.

Die Konsequenzen dieser Täuschung liegen auf der Hand. Vielen Christen ist überhaupt nicht klar, warum sie jeden Tag ganz bewusst für Gott leben sollen. Gerade in letzter Zeit gab es eine Reihe von

Umfragen, die gezeigt haben, dass sich Christen in ihren Werten und Verhaltensweisen erschreckend wenig von Nichtchristen unterscheiden.
Können Sie sich irgendeinen anderen Irrglauben vorstellen, den Satan lieber unter Christen säen würde – mal abgesehen von einer Irreführung hinsichtlich unserer Errettung?
Glücklicherweise können uns die Dinge, die wir in der Bibel über die *bema* erfahren, zu einem geistlichen Durchbruch verhelfen.

Was die *bema* für mich bedeutet:

Was die *bema* über mein Leben offenbart	Was die *bema* über Gott offenbart
Meine heutigen Werke werden gerichtet ...	... weil Gott gerecht ist.
Meine heutigen Werke werden belohnt ...	... weil Gott gerecht und großzügig ist.
Meine heutigen Werke könnten sich als nichtig erweisen (und ich müsste »den Verlust tragen«) ...	... weil Gott gerecht und unvoreingenommen urteilt.
Mein irdisches Leben (was ich hier für Gott tue) bestimmt mein ewiges Schicksal ...	... weil Gott mich in der Ewigkeit belohnt.

Wenn Sie heute durch den Tag gehen, achten Sie doch einmal darauf, wie Sie Ihre Prioritäten setzen, wissend, dass Sie einmal vor der *bema* Jesu stehen werden. Und überdenken Sie neu, ob die Vorstellungen, die Sie bisher von Gott hatten, auch wirklich mit dem übereinstimmen, was die *bema* über ihn offenbart. Wie schon viele andere Menschen vor Ihnen werden Sie feststellen, dass ein klares Bewusstsein dieses kommenden Tages Sie ganz neu dazu freisetzen kann, das Leben zu ergreifen, zu dem Sie von Ewigkeit her bestimmt sind.

Anregung für Ihr Tagebuch

Welche Auswirkungen hat das Bewusstsein, dass ich auf einen Gerichtstag zugehe, auf mein Gottesbild? Inwieweit fühle ich mich dadurch ermutigt?

Der himmlische Vater hat keine verzogenen Kinder,
dazu liebt er sie viel zu sehr.

Fred Mitchell

13. Tag

Das Feuer bringt es an den Tag

Ob aber jemand auf dem Grund mit Gold, Silber,
kostbaren Steinen, mit Holz, Heu oder Stroh weiterbaut:
Das Werk eines jeden wird offenbar werden;
jener Tag wird es sichtbar machen, weil es im Feuer offenbart wird.
Das Feuer wird prüfen, was das Werk eines jeden taugt.
Hält das stand, was er aufgebaut hat, so empfängt er Lohn.
1. Korinther 3,12–14

Amy diente Gott, indem sie sich um verstoßene und missbrauchte Mädchen im südlichen Indien kümmerte. Die meisten von ihnen waren ausgesetzt oder bereits im Kindesalter in die Sklaverei verkauft worden, um als Tempelprostituierte zu dienen. Obwohl sie eine hellhäutige junge Irin war, kleidete sie sich in der landesüblichen Tracht, lernte Tamil und blieb 57 Jahre ohne Unterbrechung in Indien. Sie blieb unverheiratet, hatte zeitlebens mit gesundheitlichen Problemen zu kämpfen und verbrachte die letzten 20 Jahre ihres Lebens damit, vom Krankenbett aus für ihre »Töchter« Gelder zu sammeln.

Ihr voller Name war Amy Carmichael und ihre Biografin, Elisabeth Elliot, beschreibt, wie sie als junges Mädchen in Belfast ein entscheidendes Erlebnis hatte, das ihrem Leben unwiderruflich seine Richtung gab ...

An einem regnerischen Sonntag war die kleine Amy zusammen mit ihren beiden Brüdern im feinsten Sonntagskleid auf dem Weg von der Kirche nach Hause, als ihnen eine schwer bepackte alte Frau begegnete, die in Lumpen gekleidet war. Die Kinder spürten, dass sie der Frau zu Hilfe kommen und ihr tragen helfen mussten.

»Dabei begegneten wir freilich all den ehrenwerten Leuten, die, so wie wir, auf dem Heimweg vom Gottesdienst waren. Es war ein schrecklicher Augenblick«, so erinnerte sich Amy Carmichael später. »Wir waren einfach Kinder und wir empfanden keineswegs ein Hochgefühl bei dem, was wir da taten. Im Gegenteil: Es war uns zutiefst unangenehm.«[2]

Als die Kinder mit der alten Frau an einem Brunnen vorbeikamen, erinnerte sich Amy plötzlich an eine Bibelstelle:

Ob aber jemand auf dem Grund mit Gold, Silber, kostbaren Steinen, mit Holz, Heu oder Stroh weiterbaut: Das Werk eines jeden wird offenbar werden; jener Tag wird es sichtbar machen, weil es im Feuer offenbart wird. Das Feuer wird prüfen, was das Werk eines jeden taugt. Hält das stand, was er aufgebaut hat, so empfängt er Lohn.
1. Korinther 3,12–14

Amy drehte sich um. Sie war sich ganz sicher, dass jemand hinter ihr dieses bekannte Bibelwort zitiert hatte. Doch da war niemand – nur der Brunnen. Die Leute starrten im Regen zu ihnen herüber.

»Die Kinder trotteten weiter«, schreibt Elliot, »doch ganz tief im Herzen des kleinen Mädchens war etwas geschehen, das ihre Wertevorstellungen für alle Zeit tief greifend veränderte.« Künftig war die »Feuerprobe vor dem Thron Gottes« der Maßstab, nach dem sie ihr Leben ausrichten wollte. Es spielte nun keine Rolle mehr, was die Leute dachten, was ihr selbst angenehm erschien oder was ihr – momentan – einen Vorteil verschaffte. Das Einzige, was zählte, war die Frage, ob ihr Handeln im Feuer Bestand haben würde.[3]

Das Bild vom Feuer der *bema* dürfte auch auf die Korinther einen großen Eindruck gehabt haben. Wenn wir den Geschichtsschreibern glauben können, dann war ihre Stadt gerade kurz zuvor von einer großen Feuersbrunst verwüstet worden. Sie hatten die verheerende Gewalt des Feuers aus nächster Nähe erfahren und gesehen, welche Baumaterialien dem Feuer standhielten und welche nicht.

»Es ist eine Eigenart des Feuers, dass es Gegenstände prüft«, heißt es

---

[2] Zitat aus Rick Howard und Jamie Lash, *This Was Your Life!* (Grand Rapids, Mich.: Chosen Books, 1998), S. 94–95

[3] Ebd.

in einem Kommentar. Hier sehen wir zugleich, wozu das Feuer der *bema* überhaupt notwendig ist. Worum es Paulus in dieser Textstelle geht, ist das Wesen unserer Werke, nicht die Reinigung von unseren Sünden. Holz, Heu und Stroh stehen hier für Werke, an denen auf den ersten Blick nichts Schlechtes zu sein scheint, die nach irdischen Maßstäben vielleicht sogar sehr wünschenswert und richtig zu sein scheinen, die sich jedoch vor der *bema* als wertlos erweisen und in Flammen aufgehen.
In allem, was Sie heute tun, sollten Sie sich folgende Gütekriterien vor Augen halten, die Ihren Werken Bestand verleihen werden.

- *Werke, die Bestand haben, sind Werke, die wir in der Kraft Gottes getan haben.*
  Jesus sagt: »Wer in mir bleibt und in wem ich bleibe, der bringt reiche Frucht; denn getrennt von mir könnt ihr nichts vollbringen« (Johannes 15,5).
- *Werke, die Bestand haben, sind Werke, die wir zur Ehre Gottes getan haben.*
  Jesus sagt, dass diejenigen ihren Lohn bereits vorweggenommen haben, die gute Werke tun, um auf andere Menschen Eindruck zu machen, selbst wenn es sich um Barmherzigkeitsdienste, Gebet oder Fasten handelt (vgl. Matthäus 6,3–5).
- *Werke, die Bestand haben, sind Werke, die wir im Gehorsam Gott gegenüber getan haben.*
  Jesus sagte: »Ich suche nicht meinen Willen, sondern den Willen dessen, der mich gesandt hat« (Johannes 5,30; Luther).

Unabhängig davon, wie ehrbar Ihre Werke auch sein mögen, wenn sie nicht in der Kraft Gottes, zu seiner Ehre und im Gehorsam auf ihn getan sind, dann werden sie in Flammen aufgehen.
Denken Sie heute daran: Die Dinge, die wirklich Bestand haben, werden uns praktisch niemals mühelos in den Schoß fallen. Edelmetalle und Edelsteine liegen nicht einfach so herum. Sie müssen mit großem Aufwand abgebaut, geläutert und geschliffen werden.
Wenn wir Gott in einer Weise dienen wollen, die dem Feuer standhält,

müssen wir unser Leben hingeben – sei es für einen Tag oder für viele Jahre unseres Lebens. Amy Carmichael sagte oft: »Du kannst geben, ohne zu lieben, aber du kannst nicht lieben, ohne zu geben.«

Anregung für Ihr Tagebuch

Wenn ich heute vor der bema *erscheinen müsste, wie gut würde mein Leben der Prüfung des Feuers standhalten? Wie komme ich zu dieser Überzeugung?*

Niemand bilde sich etwas darauf ein,
dass er in den Augen der Menschen
zu den vortrefflichsten Baumeistern gehört.
Sobald jener Tag über ihn kommt,
vergeht sein Werk und wird zu Staub,
wenn es vor dem Herrn keinen Bestand hat.
Johannes Calvin

14. Tag

Sünde vor der *bema*

Dieser aber hat nur ein einziges Opfer
für die Sünden dargebracht und sich dann für immer
zur Rechten Gottes gesetzt ...
Denn durch ein einziges Opfer hat er die,
die geheiligt werden, für immer zur Vollendung geführt ...
An ihre Sünden und Übertretungen denke ich nicht mehr.
Hebräer 10,12.14.17

Die Passage in 1. Korinther 3, die davon berichtet, dass unser Lebenswerk im Feuer geprüft wird, endet mit den folgenden Worten: »Brennt es nieder, dann muss er den Verlust tragen. Er selbst aber wird gerettet werden, doch so wie durch Feuer hindurch« (Vers 15).

Fast erscheint es einem absurd anzunehmen, wir könnten im Himmel noch Schaden erleiden. Und die Vorstellung, »gerettet [zu] werden, doch so wie durch Feuer hindurch«, ist ziemlich bedrohlich. Lassen Sie uns einen Moment bei diesem Vers verweilen und uns den unangenehmen Fragen stellen, die er unweigerlich aufwirft.

Zunächst einmal können wir festhalten, dass unsere Sünden in dem Augenblick, da wir zu Jesus kommen und sein Opfer für uns annehmen, auf sein Schuldenkonto umgeschrieben werden – so geht es aus diesem Vers eindeutig hervor. Und da er für unsere Sünde mit seinem Blut bezahlt hat, sind wir für alle Zeit gereinigt. Unsere Schuld ist vergeben und vergessen. Wir sind frei davon.

So dürfen wir die Gewissheit haben, dass wir vor der *bema* nicht für unsere Sünden zur Rechenschaft gezogen werden.

Paulus lässt auch keinerlei Zweifel daran, dass es vor der *bema* nicht mehr um unsere Errettung selbst geht. Was hier geprüft wird, sind unsere Werke, nicht die Frage, ob wir an Jesus geglaubt haben. Selbst derjenige, der die *bema* fast oder gar ganz ohne Werke verlassen muss, wird seinen Platz im Himmel nicht verlieren. Genau dies meint Paulus, wenn er schreibt: »... gerettet, doch so wie durch Feuer hindurch.«

Spielt unsere Sünde vor der *bema* überhaupt keine Rolle mehr? Im

Gegenteil! Ihre Sünde wird zwar nicht wieder ausgegraben, doch die Auswirkungen Ihrer Sünde werden den Ausgang des Gerichts und Ihren Lohn direkt beeinflussen.

Deshalb warnt uns der Apostel Johannes: »Achtet auf euch, damit ihr nicht preisgebt, was wir erarbeitet haben, sondern damit ihr den vollen Lohn empfangt« (2. Johannes 1,8). Diesem Vers nach zu urteilen ist es sogar denkbar, dass wir ein Werk vollbringen, den Lohn, der uns dafür eigentlich zugedacht war, aber später wieder verlieren, weil wir einen Fehler begehen.

Dazu ein Beispiel:

Nehmen wir einmal an, Sie wären ein erfolgreicher Geschäftsmann in Singapur und zugleich ein einflussreicher Christ. Stellen wir uns vor, Sie würden einen Bibelkreis für Geschäftsleute leiten und hätten zugleich eine wichtige Position in einem städtischen Amt. Im Laufe der Jahre werden Sie in eine Korruptionsaffäre verwickelt. Irgendwann fliegt die Sache auf. Es kommt zu einem Prozess, der in den Medien viel Aufmerksamkeit erregt. Ihr ganzes öffentliches Ansehen ist dahin und Sie werden zu einer Gefängnisstrafe verurteilt. Viele Leute, die früher zu Ihnen aufgeschaut und sich an Ihrem christlichen Beispiel orientiert haben, wenden sich enttäuscht und verbittert ab.

Wenn Sie nun vor der *bema* erscheinen, werden Sie dann Ihren vollen Lohn erhalten, den Sie in den Jahren Ihres treuen Dienstes für Gott angesammelt hatten? Oder werden Sie »den Verlust tragen« müssen, den Sie sich durch die Fehltritte in den späteren Jahren eingehandelt haben?

Ich hoffe, es wird Ihnen ein wenig deutlich, dass sich die Konsequenzen unserer Sünden am Tag der *bema* sehr wohl negativ auswirken können. Alles, was Ihnen kein freudiges »Sehr gut!« vom Herrn einträgt, wird Ihnen wie verschwendete Lebenszeit erscheinen.

Der Apostel Petrus wusste, wie es sich anfühlte, »Verlust zu ertragen«. In der Nacht vor der Kreuzigung, als Jesus bereits in Haft war, saß er draußen im Hof und leugnete dreimal hintereinander, Jesus gefolgt zu sein oder ihn auch nur zu kennen.

Dann ertönte ein Hahnenschrei, so wie es Jesus vorausgesagt hatte. Petrus schaute auf und blickte plötzlich in die Augen Jesu, der gerade über den Hof geführt wurde:

Da wandte sich der Herr um und blickte Petrus an. Und Petrus erinnerte sich an das, was der Herr zu ihm gesagt hatte ... Und er ging hinaus und weinte bitterlich.
Lukas 22,61–62

Wie schmerzhaft muss dieser eine Blick Jesu für Petrus gewesen sein! Nicht hasserfüllt und voller Anklage – es spiegelte sich darin lediglich wider, was hätte sein können.
Ebenso wird es sein, wenn wir am Gerichtstag vor Jesus stehen und ihm ins Angesicht schauen. Was könnte wohl schmerzlicher sein als die Scham und das abgrundtiefe Bedauern, das wir in jenem Moment verspüren werden?
So verwundert es nicht, dass Johannes die Gläubigen beschwört, so zu leben, dass sie sich am Gerichtstag nicht zu schämen brauchen: »Und jetzt, meine Kinder, bleibt in ihm, damit wir, wenn er erscheint, die Zuversicht haben und bei seinem Kommen nicht zu unserer Schande von ihm gerichtet werden« (1. Johannes 2,28).
Lassen Sie uns mit ganzem Herzen so leben, dass die *bema* ein freudiges Ereignis, ein Festtag, wird und nicht ein Tag der Schande und Verzweiflung. Nichts auf dieser Erde kommt auch nur im Entferntesten an das heran, was wir empfinden werden, wenn Jesus uns am Gerichtstag seine Anerkennung zum Ausdruck bringt und wir die Freude in seinem Gesicht sehen werden.

Anregung für Ihr Tagebuch

Ist mir die Vergebung meiner Sünden gleichgültig geworden? Habe ich den Kampf gegen die Sünde in meinem Leben eingestellt?
Herr, ich möchte meinen Lauf in diesem Leben nicht nur gerade eben so beenden, ich möchte ihn gut beenden!

Nicht zweimal Gott den Preis verlangt –
zuerst von meines Heilands Hand
und dann nochmals von mir.
Augustus Toplady

Da uns eine solche Wolke von Zeugen umgibt,
wollen auch wir alle Last und die Fesseln der Sünde abwerfen.
Lasst uns mit Ausdauer in dem Wettkampf laufen,
der uns aufgetragen ist.
Hebräer 12,1

15. Tag

Ein Haus auf dem Felsen

Wer diese meine Worte hört und danach handelt,
ist wie ein kluger Mann, der sein Haus auf Fels baute.
Als nun ein Wolkenbruch kam und die Wassermassen heranfluteten,
als die Stürme tobten und an dem Haus rüttelten,
da stürzte es nicht ein; denn es war auf Fels gebaut.
Wer aber meine Worte hört und nicht danach handelt,
ist wie ein unvernünftiger Mann, der sein Haus auf Sand baute.
Als nun ein Wolkenbruch kam und die Wassermassen heranfluteten,
als die Stürme tobten und an dem Haus rüttelten,
da stürzte es ein und wurde völlig zerstört.
Matthäus 7,24–27

In Oregon, nur unweit von meinem früheren Wohnort entfernt, liegt eine Insel, die ein Geheimnis birgt: das Geheimnis einer Stadt, die vom Meer verschlungen wurde.
Früher gab es hier mal eine Halbinsel, die zu Anfang des 20. Jahrhunderts als feinstes Bauland galt. Stadtplaner schufen eine kleine Stadt mit dem Namen Bayocean. Familien zogen zu und es entstand sogar ein dreistöckiges Hotel an einem Steilhang, knapp 50 Meter über dem Meer. Am Wochenende kamen regelmäßig die Ausflügler aus Portland zum Picknick an den Strand.
Doch leider war die Stadt auf Sand gebaut und allmählich begannen die Winterstürme ihren Tribut zu fordern. Bayocean stürzte ins Meer – Haus für Haus. Bereits 1952 war die Stadt – mitsamt Hotel, Steilhang und einem Großteil der Halbinsel – weggespült.
Wenn wir solche Geschichten hören, bekommen wir immer ein etwas flaues Gefühl, nicht wahr? Alle Anstrengung war umsonst; so viele Hoffnungen, von denen nun nichts mehr übrig ist.
In unserem heutigen Text spricht Jesus davon, wie wichtig es ist, unser Leben auf einen sicheren Grund zu stellen, auf etwas Bleibendes – in diesem Leben und in der Ewigkeit. Bevor Jesus das Ergebnis unseres Lebens im Himmel in Augenschein nehmen kann, muss es

zunächst einmal den Prüfungen und Versuchungen dieser Welt standhalten.
Doch wie können wir ein »Haus« bauen, das Bestand hat? Jesus hat uns an dieser Stelle sehr klare Kriterien gegeben. Auf den Fels baut derjenige, der »diese [seine] Worte hört und danach handelt« (Vers 24).
Gehorsam zu sein oder, mit anderen Worten ausgedrückt, die Wahrheit zu tun ist vielleicht die wichtigste Voraussetzung, die wir brauchen, damit unser Leben sturmfest wird. »Das äußere Kennzeichen eines Menschen, der Gott kennt, ist sein Gehorsam Gott gegenüber«, so lesen wir in einem Bibelkommentar. Wie leicht hören wir die Worte Jesu, fügen sie in unsere Lebensphilosophie ein, nicken artig ... und tun nichts. Eine solche Reaktion – so verbreitet und so normal sie uns auch erscheinen mag – ist nicht weniger gefährlich, als sein Vermögen für ein Haus auszugeben, das auf Sand gebaut ist. Jakobus schreibt: »Hört das Wort nicht nur an, sondern handelt danach; sonst betrügt ihr euch selbst« (Jakobus 1,22).
Auch Jesus spricht darüber, wie wichtig es ist, die Wahrheit nicht nur zu kennen, sondern sie auch umzusetzen. In diesem Beispiel, das von Lukas überliefert wird, gebraucht Jesus das Bild von einem Fundament:

Was sagt ihr zu mir: Herr! Herr!, und tut nicht, was ich sage? ... Wer aber hört und nicht danach handelt, ist wie ein Mann, der sein Haus ohne Fundament auf die Erde baute. Die Flutwelle prallte dagegen, das Haus stürzte sofort in sich zusammen und wurde völlig zerstört.
Lukas 6,46.49

Erstaunlich, nicht wahr? Gottes Bauplan für ein Leben, das Bestand hat, ist so einfach, dass jeder es verstehen kann: die Wahrheit hören und sie tun.
Heute möchte ich Sie einladen, die Bausubstanz Ihres Lebens einer genauen Prüfung zu unterziehen. Stellen Sie sich die Frage: »Was hat Jesus uns aufgetragen?« Was kommt Ihnen dabei in den Sinn? Lassen Sie mich Ihnen ein wenig auf die Sprünge helfen:

geben ...
vergeben ...
Versuchungen widerstehen ...
die andere Wange hinhalten ...
sich selbst verleugnen ...
Gott lieben und seinen Nächsten wie sich selbst ...
das Evangelium verkünden ...

Haken Sie all die Punkte ab, von denen Sie sagen können, dass Sie sie in den letzten Wochen ganz bewusst getan haben. Oder haben Sie sich vielleicht selbst betrogen, wovor Jakobus uns warnt? Denken Sie daran, dass wir im Himmel nicht für das belohnt werden, was wir gehört und geglaubt haben, sondern nur für die Dinge, die wir für Gott getan haben.

Ist es nicht wunderbar, dass wir nicht versuchen müssen zu erraten, was wir tun müssen, um unser Lebenshaus so zu bauen, dass Gott Gefallen daran hat? Wir haben die Lehren Jesu, wir haben die gesamte Bibel und wir haben den Heiligen Geist an unserer Seite. Und heute tun sich wieder neue Gelegenheiten auf, um unseren Gehorsam zu zeigen – und unsere Ewigkeit zu gestalten.

In Sichtweite der verlassenen Sandbänke, die früher einmal Bayocean waren, steht ein kleiner Leuchtturm. Seit über 100 Jahren steht er nun schon dort und sendet seinen Lichtkegel hinaus aufs Meer – ob Sommer, ob Winter und bei Wind und Wetter. Warum hat der Leuchtturm die Jahre überdauert und die Stadt nicht? Weil der Leuchtturm 60 Meter hoch über den Wellen auf den nackten Felsen gebaut wurde. Halten Sie sich dieses Bild vor Augen und gründen Sie Ihr Leben für Gott auf einen ebenso soliden Grund. Wenn Sie die Bereitschaft mitbringen, nicht nur zu hören, sondern das Gehörte auch umzusetzen, dann sind Sie auf dem besten Wege dazu. Dann können Sie getrost sein, wenn Prüfungen und Stürme auf Sie zukommen, denn Ihr Haus wird Bestand haben und Ihr Leben wird Gott bis in alle Ewigkeit Ehre bereiten.

Anregung für Ihr Tagebuch

Herr, bitte zeige mir heute, wo du schon zum wiederholten Male zu mir gesprochen hast, ohne dass ich darauf eingegangen bin.

Denn einen anderen Grund kann niemand legen als den,
der gelegt ist: Jesus Christus.
1. Korinther 3,11

Glücklich der Mann, der in der Versuchung standhält.
Denn wenn er sich bewährt, wird er den Kranz des Lebens erhalten,
der denen verheißen ist, die Gott lieben.
Jakobus 1,12

Daher, geliebte Brüder, seid standhaft und unerschütterlich,
nehmt immer eifriger am Werk des Herrn teil,
und denkt daran, dass im Herrn eure Mühe nicht vergeblich ist.
1. Korinther 15,58

16. Tag

Die Krone, die für Sie bereitliegt

Schon jetzt liegt für mich der Kranz der Gerechtigkeit bereit,
den mir der Herr, der gerechte Richter, an jenem Tag geben wird,
aber nicht nur mir, sondern allen,
die sehnsüchtig auf sein Erscheinen warten.
2. Timotheus 4,8

Haben Sie die Vorstellung, dass der Himmel ein Ort ist, an dem wir beständig ein süßes Wohlgefühl haben werden, ein Ort, an dem zwar nichts mehr schief gehen kann, wo aber auch nicht allzu viel los sein wird?

Die Bibel vermittelt uns da ein ganz anderes Bild. Dort heißt es, dass das Dasein im Himmel überaus aktiv, vielseitig und sinnerfüllt sein wird. So kündigte Jesus seinen Jüngern zum Beispiel an, dass sie ihm in seinem ewigen Königreich dienen würden, dass sie regieren, Gericht halten, ihn anbeten, die Gemeinschaft miteinander und mit ihm genießen, essen und trinken, Verantwortung tragen und Freude haben würden.

Aus diesem Grund wird die Belohnung, die Sie erhalten werden, im Himmel eine große Bedeutung haben. Sie bestimmt im Wesentlichen, wie Sie den Himmel erleben werden, welche Aktivitäten Ihnen dort offen stehen und in welchem Maße Sie Gott dienen dürfen.

Jesus betonte, dass einige Belohnungen ein höheres Gewicht haben werden:

- *Autorität beziehungsweise Verantwortung.* Jesus machte seinen Jüngern folgende Verheißung: »Wenn die Welt neu geschaffen wird und der Menschensohn sich auf den Thron der Herrlichkeit setzt, werdet ihr, die ihr mir nachgefolgt seid, auf zwölf Thronen sitzen und die zwölf Stämme Israels richten« (Matthäus 19,28).
- *Ehre.* Jesus sagte zu allen, die ihm nachfolgen wollen: »Wenn einer mir dient, wird der Vater ihn ehren« (Johannes 12,26).

Eine weitere Belohnung, die im Buch Daniel beschrieben ist, gilt für jeden, der andere Menschen zu Gott geführt hat:

Die Verständigen werden strahlen, wie der Himmel strahlt; und die Männer, die viele zum rechten Tun geführt haben, werden immer und ewig wie die Sterne leuchten.
Daniel 12,3

Das Symbol, das im Neuen Testament am häufigsten für unseren himmlischen Lohn verwendet wird, ist die Krone. Damals wie heute steht die Krone als höchstes Zeichen für Ehre und Ansehen.
Im Griechischen gibt es zwei verschiedene Begriffe für unser heutiges Wort *Krone. Diadema* steht für die Königskrone, das Zeichen der Königswürde. Dieses Wort beschreibt die Kronen, die Jesus selbst tragen wird (Offenbarung 19,12). Das zweite griechische Wort für Krone ist *stephanos.* Es beschreibt den Siegeskranz, die Ehrenkrone, die damals dem Sieger in einem Sportwettbewerb verliehen wurde. Es ist das Symbol des Triumphes, eine Auszeichnung, die einer Person für besonders herausragende Leistungen in aller Öffentlichkeit zuerkannt wurde. Von dieser Art sind die Kronen, die wir als Gläubige empfangen werden, dafür, dass wir Gott gedient haben. Sie machen freilich nur einen kleinen Teil dessen aus, was uns in der Ewigkeit an Lohn zuteil wird.
Im Neuen Testament wird eine Reihe von Kronen ganz explizit genannt, wobei die folgende Liste vermutlich nicht vollständig ist:

- *Die Krone der Herrlichkeit.* Petrus ermahnte die Ältesten der Gemeinde, sie sollten so für die ihnen anvertraute Herde Gottes sorgen, dass sie, »wenn dann der oberste Hirte erscheint, ... den nie verwelkenden Kranz der Herrlichkeit empfangen« (1. Petrus 5,4).
- *Die Krone des Lebens.* Diejenigen, die schwere Versuchungen, Leid und Trübsal geduldig und voller Liebe tragen, werden eine spezielle Krone des Lebens empfangen. Damit ist nicht das Geschenk des ewigen Lebens gemeint, es ist eine Belohnung für besondere Werke (Jakobus 1,12; Offenbarung 2,10).

- *Die Krone der Gerechtigkeit.* Paulus schreibt Timotheus, dass alle, die sich nach der Wiederkunft des Herrn sehnen, die Krone der Gerechtigkeit empfangen werden. Johannes schreibt, dass jeder, der auf die Offenbarung des Herrn hofft, [»sich] heiligt ..., so wie er heilig ist« (1. Johannes 3,2–3).
- *Der Ruhmeskranz.* Paulus beschreibt diejenigen, die durch seinen Dienst zum Glauben gekommen sind, als seinen »Ruhmeskranz«. Wer also andere Menschen ins Reich Gottes bringt, erhält dafür einen Kranz (1. Thessalonicher 2,19).
- *Einen unvergänglichen Siegeskranz.* Paulus vergleicht das Leben der Christen mit den Isthmischen Spielen, die den Korinthern bestens bekannt waren. Die Sportler dort kämpften, »um einen vergänglichen, wir aber, um einen unvergänglichen Siegeskranz zu gewinnen« (1. Korinther 9,25). Manche Theologen interpretieren dies als einen Hinweis darauf, dass es eine spezielle Krone für jene Gläubigen geben wird, die ein außerordentliches Maß an Selbstbeherrschung, Disziplin, Selbstverleugnung und Hingabe in ihrem Dienst für Gott an den Tag gelegt haben – ebenso wie es Spitzensportler tun müssen, wenn sie gewinnen wollen.

Obwohl uns die Bibel nichts darüber sagt, welcher Art diese Kronen beziehungsweise Kränze sein werden, eines ist jedenfalls klar: Jesus wollte uns deutlich machen, dass diese Belohnungen ungeheuer wertvoll sein werden. Es sind Belohnungen, die wir behalten sollen (wir werden sie ihm also nicht wieder zurückgegeben), weil sie Einfluss darauf haben werden, wie wir den Himmel erleben und in welchem Maße wir ihm dort dienen können – in alle Ewigkeit.

Worauf möchten Sie zurückblicken, wenn Sie im Himmel ankommen? Wie möchten Sie das wunderbare Geschenk Ihres Lebens und die einzigartige Gelegenheit, die Ihnen dadurch zuteil wurde, genutzt haben? Paulus schreibt: »Wisst ihr nicht, dass die Läufer im Stadion zwar alle laufen, aber dass nur einer den Siegespreis gewinnt? Lauft so, dass ihr ihn gewinnt« (1. Korinther 9,24).

Schauen Sie bei jeder Entscheidung, die Sie heute treffen, auf den Siegespreis, den Gott für Sie vorbereitet hat.

Anregung für Ihr Tagebuch

Wie werde ich mich wohl fühlen, wenn Jesus mir im Himmel meine Belohnung übergibt – eine Belohnung, die ich in alle Ewigkeit behalten werde? Welche Belohnung möchte ich gerne erlangen? Was tue ich dafür?

Siehe, ich komme bald; halte, was du hast,
dass niemand deine Krone nehme!
Offenbarung 3,11 (Luther)

17. Tag

Gute Neuigkeiten: Sie müssen Rechenschaft geben

Deshalb seid ihr voll Freude, obwohl ihr jetzt vielleicht kurze Zeit unter mancherlei Prüfungen leiden müsst. Dadurch soll sich euer Glaube bewähren und es wird sich zeigen, dass er wertvoller ist als Gold, das im Feuer geprüft wurde und doch vergänglich ist. So wird eurem Glauben Lob, Herrlichkeit und Ehre zuteil bei der Offenbarung Jesu Christi.

1. Petrus 1,6–7

Als ich mich zum ersten Mal näher damit befasste, was die Bibel über die *bema* lehrt, empfand ich die ganze Sache als ungerecht und ziemlich abstoßend. Es sah einfach nicht nach dem Handeln eines liebenden Gottes aus. Möglicherweise geht es Ihnen im Augenblick nicht anders. Dennoch haben Sie ein tiefes Verlangen danach, dass Gott in Ihrem Leben voll zum Zuge kommt. (Deshalb lesen Sie ja auch dieses Buch.) Weil dem so ist, bin ich fest davon überzeugt, dass Sie das besondere Geschenk erkennen werden, das Gott uns macht, wenn wir ihm gegenüber vor der *bema* Rechenschaft geben müssen.

Ich wünsche mir, dass Sie von einer ganz neuen Ehrfurcht vor der unerschütterlichen Liebe Gottes zu Ihnen erfüllt werden und von einer tieferen Wertschätzung dafür, dass Gott so hohe Erwartungen in Sie setzt. Ich hoffe auch, dass Sie mehr und mehr die Motivation spüren, sich von nun an in gute Werke für Gott zu investieren, die vor dem Feuer Bestand haben werden. Und ich habe die Hoffnung, dass Sie zunehmend bereit sind, mit der Sünde in Ihrem Leben zu brechen, die Ihnen die Lebensfreude stiehlt und Ihre Erwartungen für die Ewigkeit ruiniert.

Innerhalb der Familie ist es etwas sehr Gutes, wenn wir einander Rechenschaft geben! Es ist ein Maßstab von Verbindlichkeit und Lie-

be, von Glaubwürdigkeit und Recht. Wenn Sie Ihr Leben ganz bewusst daran ausrichten, dann werden Sie jeden Tag ein Stück weiter zum Ziel der wahren Gotteskindschaft hinwachsen.
Mal ganz ehrlich: Was für ein Vater wäre Gott, wenn er uns einfach eine Blankoabsolution erteilen, sich dann aber niemals wirklich darum kümmern würde, wie es mit uns weitergeht?
In Wirklichkeit sehnen wir uns alle danach, von jemandem zur Rechenschaft gezogen zu werden. Wir wünschen uns, dass jemand Notiz von uns nimmt. Wir möchten sehen, dass uns jemand ernst nimmt. Tief in unserem Inneren wissen wir, dass wir zu Höherem berufen sind, und wir werden niemals zufrieden sein, solange wir dieses Ziel nicht erreichen. »Unsere Tage zu zählen, lehre uns! Dann gewinnen wir ein weises Herz« (Psalm 90,12). Das Wissen darum, dass Gott uns einmal für das zur Rechenschaft ziehen wird, was wir aus dem Geschenk unseres Lebens gemacht haben, ist uns eine unschätzbare Hilfe, um uns so weit wie möglich unserer Bestimmung entgegenzustrecken.
Vielleicht ist auch Ihnen schon aufgefallen, was ich immer wieder beobachte: Ein leidenschaftsloser christlicher Lebensstil voller fauler Kompromisse steht häufig in einem direkten Zusammenhang mit einer Reihe von schrecklichen Fehlannahmen. Zum Beispiel:

- Was ich tue, spielt über den heutigen Tag hinaus keine Rolle.
- Außerdem hat Gott mir ja ohnehin vergeben.
- Und im Übrigen, wen interessiert es denn schon?

Ich hoffe, dass Sie inzwischen ein anderes Bild davon gewonnen haben, was Gott mit Ihnen vorhat. Sie können sich das Ganze wie die zwei Hälften eines Kreises vorstellen:
Die eine Hälfte symbolisiert folgende Aussage:

»Gott will mich belohnen – und die Hoffnung auf einen Lohn im Himmel verändert mein Handeln heute.«

Die andere Hälfte besagt:

»Gott wird mich zur Rechenschaft ziehen – und die heilige Furcht, dass mir der ewige Lohn, den Gott mir zugedacht hat, am Ende entgehen könnte, spornt mich heute an.«
Wenn Sie diese beiden Facetten der Wirklichkeit in ein gesundes Gleichgewicht miteinander bringen, dann resultiert daraus eine Erweiterung Ihrer Perspektive, und Sie werden umso motivierter sein, sich nach dem Leben auszustrecken, zu dem Gott Sie erschaffen hat.

Anregung für Ihr Tagebuch

Lieber Herr, ich beginne allmählich zu verstehen, dass die Botschaft von der bema *wirklich eine gute Neuigkeit ist! Bitte zeige mir heute ganz spezifische Bereiche, in denen ich faule Kompromisse eingegangen bin, weil ich mir nicht bewusst gemacht habe, dass ich dir Rechenschaft schulde …*

Bei euch aber, liebe Brüder,
sind wir trotz des Gesagten vom Besseren überzeugt und davon,
dass ihr am Heil teilhabt. Denn Gott ist nicht so ungerecht,
euer Tun zu vergessen und die Liebe, die ihr seinem Namen bewiesen
habt, indem ihr den Heiligen gedient habt und noch dient.
Wir wünschen aber, dass jeder von euch im Blick auf den Reichtum
unserer Hoffnung bis zum Ende den gleichen Eifer zeigt,
damit ihr nicht müde werdet, sondern Nachahmer derer seid,
die aufgrund ihres Glaubens und ihrer Ausdauer Erben
der Verheißungen sind.
Hebräer 6,9–12

Daher, geliebte Brüder, seid standhaft
und unerschütterlich,
nehmt immer eifriger am Werk
des Herrn teil, und denkt daran,
dass im Herrn eure Mühe
nicht vergeblich ist.

Dritte Woche

Ein Leben führen, das Gott belohnt

Daher, geliebte Brüder, seid standhaft
und unerschütterlich,
nehmt immer eifriger am Werk des Herrn teil,
und denkt daran,
dass im Herrn eure Mühe nicht vergeblich ist.
1. Korinther 15,58

18. Tag

Tageseinnahmen

Ein Mann von vornehmer Herkunft wollte in ein fernes Land reisen,
um die Königswürde zu erlangen und dann zurückzukehren.
Er rief zehn seiner Diener zu sich,
verteilte unter sie Geld im Wert von zehn Minen und sagte:
»Macht Geschäfte damit, bis ich wiederkomme.«
Lukas 19,12–13

»Wie kann man Millionär werden, wenn man gerade mal 25 Cent in der Tasche hat?«
Ich erinnere mich noch gut daran, wie ich meiner Frau einmal diese Frage gestellt habe. Wir waren gerade dabei, eine Familie zu gründen, und versuchten, mit dem Geld auszukommen, das ich als Lehrassistent am College verdiente, was nicht gerade viel war. Unsere finanziellen Reserven gingen schnell zur Neige.
Ein paar Tage später benutzte ich ebendiese 25 Cent, um einen Anruf bei meinem Vater zu tätigen. In der Nachbarschaft stand ein etwas heruntergewirtschaftetes Haus zum Verkauf, das ich gerne renovieren und dann mit Gewinn wieder verkaufen wollte. Ich fragte meinen Vater, ob er mir etwas Geld für die Anzahlung leihen würde. Er war einverstanden und schickte mir einen Scheck über 3.000 Dollar.
Ich machte mich sogleich ans Werk, merkte aber bald, dass die Sache doch nicht ganz so einfach war. Neben meiner Arbeit am College reichte die Zeit einfach nicht aus. Mir fiel ein, dass ein Bekannter von mir, der von Beruf Handwerker war, gerade keine Arbeit hatte. Ich schlug ihm ein kleines Geschäft vor: Er würde seine Arbeitskraft umsonst zur Verfügung stellen und ich würde das Material einkaufen. Am Ende könnten wir uns dann den Gewinn teilen.
Mein Bekannter war einverstanden. So ging ich weiter meiner Arbeit nach, während er das Haus renovierte. Drei Monate später verkaufte ich das Haus wieder. Nachdem wir den Erlös aufgeteilt hatten, blieben mir satte 14.000 Dollar – mehr, als ich in einem ganzen Jahr am College verdiente!

Meine 25 Cent Kapitaleinsatz hatten mir einen stattlichen Gewinn eingebracht. In der Geschäftswelt nennt man dies eine Spitzenrendite – großer Gewinn bei geringem Kapitaleinsatz.

Im fünften und sechsten Kapitel von *Ein Leben, das Gott belohnt* (»Die wichtigste Frage überhaupt« und »Ein Gott, der zurückerstattet«) haben wir uns ein wenig näher damit beschäftigt, dass wir nach Gottes Willen unsere Zeit, unsere Gaben und unseren Besitz für die Ewigkeit nutzbar machen sollen. Wie wir festgestellt haben, erwartet Gott in der Tat von uns, dass wir all die Dinge, die er uns auf Erden anvertraut hat, einsetzen, um ihm für die Ewigkeit eine möglichst große Rendite einzubringen.

Investitionen, Kapitaleinsatz, Rendite, Gewinn – dies sind nicht unbedingt Begriffe, die in unsere übliche geistliche Vorstellungswelt hineinpassen, nicht wahr? Und doch kommen gerade sie erstaunlich nahe an das Vokabular heran, das Jesus gebrauchte, um seinen Jüngern deutlich zu machen, wie sie seinem Willen entsprechend auf der Erde leben sollten.

Unsere heutige Bibelpassage steht am Anfang des bekannten Gleichnisses vom anvertrauten Geld. Ein Edelmann geht auf Reisen, um sich zum König krönen zu lassen. Es steht jedoch fest, dass er zurückkehren wird. In der Zwischenzeit gibt er seinen Dienern den Auftrag, mit den ihnen anvertrauten Besitztümern etwas sehr Bedeutsames zu tun: »Macht Geschäfte damit, bis ich wiederkomme.«

Als der Edelmann wiederkommt, erhält nur der Diener die höchste Auszeichnung und den größten Lohn, der das anvertraute Kapital exponentiell vermehrt hat – nämlich um das Zehnfache. Dagegen bekommt derjenige Diener, der das ihm anvertraute Geld in der Erde vergraben hatte, weder Auszeichnung noch Lohn. Am Ende verliert er sogar sein eines Talent an den Diener, der seinen Anteil verzehnfacht hatte.

Was will uns Jesus mit diesem Gleichnis im Hinblick darauf mitteilen, wie wir unser Leben angesichts der Ewigkeit gestalten sollen?

- Jesus verfolgt einen ganz konkreten Plan. Es ist ihm keineswegs gleichgültig, wie wir die Arbeit für sein Reich angehen.

- Jesus hat uns unsere Fähigkeiten, Interessen, Ressourcen und Möglichkeiten zu einem ganz bestimmten Zweck gegeben. So klein und unbedeutend sie Ihnen auch erscheinen mögen – wie ein paar Cent in der Hosentasche –, die Renditeaussichten für die Ewigkeit sind enorm.
- Jesus erwartet für seine Investition eine Rendite, die sich sehen lassen kann.
- Jesus wird eines Tages wiederkommen, um Rechenschaft von uns zu fordern und uns zu belohnen (oder eben auch nicht). Wie er uns aufnimmt und welche Möglichkeiten er uns eröffnet, ihm in der Ewigkeit weiterzudienen, wird ganz davon abhängen, was wir aus den Ressourcen gemacht haben, die er uns während unseres irdischen Lebens gegeben hat.

In dieser Woche werden wir uns damit befassen, was es heißt, gute Haushalter für Gott zu sein. Wir werden uns mit Dienen, Opferbereitschaft und mit Unterordnung beschäftigen – alles Themen, mit denen Sie vermutlich vertraut sind. Aber vergessen Sie dabei nicht das Wesentliche: Unser Herr, dessen baldige Wiederkunft wir erwarten, hat uns genau für die Dinge ausgerüstet, mit denen wir heute konfrontiert werden. Er weiß genau, was er uns anvertraut hat, und er sieht unser Potenzial für die Ewigkeit. Und er erwartet, dass unser Leben ihm einen großen Gewinn einträgt!
Sind Sie bereit, sich darauf einzulassen und in Ihrem Leben die Dinge in Angriff zu nehmen, für die Gott Sie geschaffen hat und die er Ihnen zutraut?
Wenn Sie sich danach sehnen, die Augen Jesu zum Leuchten zu bringen und aus seinem Munde zu hören: »Sehr gut, du bist ein tüchtiger und treuer Diener!«, dann ist dies möglicherweise der allerwichtigste Schritt überhaupt.

Anregung für Ihr Tagebuch

Was sind die Ressourcen – an Zeit, Begabungen und Möglichkeiten –, die Gott mir persönlich anvertraut hat? Was kann ich tun, damit Gott ein größerer Nutzen daraus erwächst?

Alles, was für unser Leben und unsere Frömmigkeit gut ist,
hat seine göttliche Macht uns geschenkt.
2. Petrus 1,3

Dient einander als gute Verwalter der vielfältigen Gnade Gottes,
jeder mit der Gabe, die er empfangen hat.
1. Petrus 4,10

19. Tag

Eine freudige Überraschung

*Selig seid ihr, wenn ihr um meinetwillen beschimpft
und verfolgt und auf alle mögliche Weise verleumdet werdet.
Freut euch und jubelt: Euer Lohn im Himmel wird groß sein.
Denn so wurden schon vor euch die Propheten verfolgt.*
Matthäus 5,11–12

Vor einiger Zeit fuhr ich mit einem Kleinbus auf einer staubigen Straße irgendwo in Zentralindien auf dem Weg zu einem Dorf. Ich fragte unseren Fahrer, wie es um die Gemeinde, in der ich dort sprechen sollte, bestellt sei.

»Nicht gut«, antwortete er.

»Warum nicht?«, fragte ich zurück.

»Weil es Leute gibt, die unseren Glauben hassen und die während der Gottesdienste Steine durch die Fenster werfen«, erwiderte er. »Sie schlagen unsere Männer im Dorf zusammen. Manche Leute in der Gemeinde glauben inzwischen, dass es sich nicht lohnt, Jesus nachzufolgen.«

Einige Minuten später fragte er mich, worüber ich denn predigen wollte. Ich sagte ihm, dass ich gerade meine Pläne geändert hätte. »Ich werde darüber sprechen, was die Menschen, die Jesus im alten Rom nachfolgten, dazu bewog, singend in die Arena zu gehen, obwohl sie wussten, dass dort Löwen darauf warteten, sie zu töten.«

Wissen Sie, diese früheren Märtyrer haben tatsächlich auf dem Weg in den Tod gesungen. Sie wussten – das heißt, sie waren zutiefst davon überzeugt –, dass diese Welt vergehen würde und dass nur der Himmel in Ewigkeit Bestand hat. Sie glaubten fest an das, was Jesus ihnen gesagt hatte: dass sie zum Ausgleich für das Leid und die Ablehnung, die sie in diesem Leben erdulden mussten, im künftigen Leben Freude im Überfluss haben würden.

Deshalb konnte Petrus die verfolgten Christen ermutigen:

Liebe Brüder, lasst euch durch die Feuersglut, die zu eurer Prüfung über euch gekommen ist, nicht verwirren, als ob euch etwas Ungewöhnliches zustoße. Stattdessen freut euch, dass ihr Anteil an den Leiden Christi habt; denn so könnt ihr auch bei der Offenbarung seiner Herrlichkeit voll Freude jubeln.
1. Petrus 4,12–13

Meinen Besuch bei dieser Schar von hingegebenen, aber zutiefst entmutigten Gläubigen in Indien werde ich wohl niemals vergessen. Da war nicht das geringste Anzeichen von Freude. Doch wie wir so miteinander nachforschten, was Jesus über die Verbindung zwischen dem lehrte, was wir in diesem Leben für ihn opfern, und dem ungeheuerlich reichen Gewinn, der uns in der kommenden Welt verheißen ist, veränderte sich ihre Perspektive zusehends. Sie entschlossen sich, der Botschaft Jesu zu glauben. Obwohl ihre Situation sich um keinen Deut besserte, begann die Hoffnung in ihnen zu keimen, dass Jesus eine wunderbare Zukunft für sie vorbereitet hat.
Schauen wir uns noch ein weiteres eindringliches Wort der Ermutigung an, das der Autor des Hebräerbriefes den Christen in der Verfolgung zuruft. Spüren Sie die »freudige Überraschung«, die in den Worten mitschwingt?

Erinnert euch an die früheren Tage, als ihr nach eurer Erleuchtung manchen harten Leidenskampf bestanden habt: Ihr seid vor aller Welt beschimpft und gequält worden, oder ihr seid mitbetroffen gewesen vom Geschick derer, denen es so erging; denn ihr habt mit den Gefangenen gelitten und auch den Raub eures Vermögens freudig hingenommen, da ihr wusstet, dass ihr einen besseren Besitz habt, der euch bleibt. Werft also eure Zuversicht nicht weg, die großen Lohn mit sich bringt.
Hebräer 10,32–35

Die Christen, von denen hier die Rede ist, erduldeten zum einen die Konsequenzen ihrer eigenen Entscheidungen, zum anderen aber litten sie dafür, dass sie Menschen unterstützten, die ihrerseits für den Glauben verfolgt wurden. Dennoch reagierten sie auf die Plünderung ihrer

Häuser (und dies bedeutete ohne Zweifel einen herben materiellen Verlust für sie) in einer erstaunlichen Weise – sie nahmen es voller Freude hin.

Ob der Autor an dieser Stelle wirklich meint, was er sagt? Und ob! Das Bewusstsein dessen, was in ihrer Zukunft lag – »ein besserer Besitz, der ihnen bleibt« –, veränderte alles.

Auch heute sehen sich Christen in aller Welt Angriffen, Benachteiligungen, ja sogar dem Tod gegenübergestellt, weil sie an Jesus glauben. Vielleicht gehören auch Sie zu diesen Menschen. Doch die allermeisten von uns zahlen den Preis der Nachfolge in anderer Form:

- Ungerechtigkeiten und Benachteiligungen im Beruf, weil Sie Betrügereien und Unkorrektheiten nicht mittragen wollen.
- Verachtung durch Altersgenossen, weil Sie sich von bestimmten Freizeitbeschäftigungen fern halten.
- Ablehnung in der Familie oder im sozialen Umfeld, weil Sie sich offen zu Jesus bekennen.

Wie auch immer unsere Situation aussehen mag, wenn wir nur auf die Kosten fixiert sind, werden wir unsere Freude unweigerlich einbüßen. Doch wenn wir unsere Zukunft im Blick behalten – und die Liebe unseres Gottes, der der Garant unserer Zukunft ist –, dann bleibt unsere Freude bestehen.

Gott ist auch an diesem Tag in souveräner Weise am Werk, um uns Gelegenheiten zu eröffnen, Saatgut für die Ewigkeit auszusäen. Möglicherweise kommt sie im Gewand des Leides daher. Wenn dem so ist, dann möchte ich Ihnen gerne folgendes Wort als Ermutigung des Herrn mit auf den Weg geben: »Werft also eure Zuversicht nicht weg, die großen Lohn mit sich bringt« (Hebräer 10,35).

Anregung für Ihr Tagebuch

Paulus schrieb: »So werden alle, die in der Gemeinschaft mit Christus Jesus ein frommes Leben führen wollen, verfolgt werden« (2. Timotheus 3,12). Inwieweit könnte die Verfolgung, die ich zu erdulden habe, ein Maß für meine Hingabe an Jesus sein?

Dieser aber ist kein Narr, der hingibt, was er nicht behalten kann,
um zu erlangen, was ihm niemand nehmen kann.
Jim Elliot

Dafür arbeiten und kämpfen wir, denn wir haben unsere Hoffnung
auf den lebendigen Gott gesetzt, den Retter aller Menschen,
besonders der Gläubigen.
1. Timotheus 4,10

20. Tag

Das Kennzeichen eines Dieners

Wer bei euch groß sein will, der soll euer Diener sein,
und wer bei euch der Erste sein will, soll euer Sklave sein.
Denn auch der Menschensohn ist nicht gekommen,
um sich dienen zu lassen, sondern um zu dienen
und sein Leben hinzugeben als Lösegeld für viele.
Matthäus 20,26–28

In ihrem Buch *The Art of Homemaking* schreibt Edith Schaeffer darüber, wie sie und ihr Mann, Francis, in den Jahren der Weltwirtschaftskrise obdachlose Reisende mit Mahlzeiten versorgten. Sie lebten damals in der Nähe einer Eisenbahnstrecke. Oft klopfte es bei ihnen an der Hintertüre, und es kam wieder ein hungriger Geselle vorbei, der eine Mahlzeit brauchte.

Doch Edith schob nicht nur ein belegtes Brot durch den Türschlitz. In ihrem Buch beschreibt sie, wie eines ihrer typischen Tabletts mit Essen aussah:

»Ich schmierte Butter aufs Brot, schnitt eine schöne dicke Fleischtomate in gleichmäßige Scheiben und streute Pfeffer darüber. Damit belegte ich das Brot und legte auch noch eine Scheibe Schinken darüber. Dann kamen zwei Salatblätter und eine weitere Scheibe Brot obendrauf. Als Zweites bereitete ich ein Brot nach meinem eigenen Lieblingsrezept: Walnüsse, die ich auf die dicke Butterschicht streute auf der einen Brotscheibe, dann Salz darüber und schließlich noch eine gebutterte Scheibe Brot obendrauf. Und nun noch ein paar Worte zur heißen Suppe ...«[4]

Die Kinder pflückten oft ein paar Blumen, die sie mit auf das Tablett stellten, Edith legte ein Johannesevangelium dazu und brachte dann

---

[4] Ebd.

das Tablett zu dem Fremden hinaus, der hinten auf der Veranda wartete.

Sie können sich sicherlich vorstellen, wie angenehm überrascht die hungrigen und vereinsamten Männer waren, wenn Edith sie so zuvorkommend bediente. Erst später erfuhren die Schaeffers, dass ihr Haus an der Eisenbahn mit der Zeit Berühmtheit erlangt hatte, weil Reisenden dort ein Stück Menschlichkeit erwiesen wurde.

Jesus sagte: »Der Menschensohn ist nicht gekommen, um sich dienen zu lassen, sondern um zu dienen« (Matthäus 20,28). Er gab den Hungrigen zu essen. Er kümmerte sich um die Kinder. Er wusch schmutzige Füße.

Johannes berichtet uns, dass Jesus, nachdem er seinen Jüngern die Füße gewaschen hatte, Folgendes sagte: »Wenn nun ich, der Herr und Meister, euch die Füße gewaschen habe, dann müsst auch ihr einander die Füße waschen. Ich habe euch ein Beispiel gegeben, damit auch ihr so handelt, wie ich an euch gehandelt habe« (Johannes 13,14–15).

Wir folgen dem Beispiel und der Berufung unseres Herrn, indem wir anderen zur Ehre Gottes dienen. Im Reich Gottes hat das Dienen einen hohen Stellenwert und eine große Verheißung. Jesus sagte: »Wenn einer mir dient, wird der Vater ihn ehren« (Johannes 12,26).

Im Gleichnis vom anvertrauten Geld spricht Jesus davon, wie der Lohn beschaffen sein wird, den wir als seine Diener in der Ewigkeit bekommen werden. Gott wird uns Führungsaufgaben anvertrauen. Der Edelmann spricht seinem treuesten und eifrigsten Diener folgendes Lob aus: »Sehr gut, du bist ein tüchtiger Diener. Weil du im Kleinsten zuverlässig warst, sollst du Herr über zehn Städte werden« (Lukas 19,17). Welch ein erstaunlicher Rollenwechsel – vom Diener zum Herrscher!

Ich erinnere mich noch gut daran, was ich dachte, als ich mich zum ersten Mal näher mit dem Thema »ewige Belohnung« beschäftigt habe: *Aber ich will gar kein Herrscher sein!* Möglicherweise erscheint diese Aussicht auch Ihnen nicht sonderlich erstrebenswert. Doch im Himmel werden Führungsaufgaben etwas sehr Erstrebenswertes sein. Wenn wir im Himmel erst einmal wieder in unsere schöpfungsgemäße Bestimmung eingesetzt werden, dann wird uns von neuem

bewusst, dass wir von Gott erschaffen wurden, um in seinem Namen zu herrschen.
Im Buch Genesis lesen wir, dass Gott uns Menschen nach seinem Bilde geschaffen hat, damit wir ihm dienen, indem wir über die Erde regieren. Dann freilich kam der Sündenfall dazwischen. Seitdem wurde das Geschenk der Regentschaft, das Gott uns ursprünglich einmal anvertraut hat, immer wieder für eigensüchtige Ziele missbraucht. So verwundert es nicht weiter, dass wir im Allgemeinen gegen jede Form von Macht und besonders gegenüber machthungrigen Menschen ein großes Misstrauen empfinden.
Doch im Himmel ist der Fluch der Sünde aufgehoben. Wir werden endlich die Möglichkeit haben, für Gott Macht auszuüben, ohne dabei uns oder anderen zu schaden. Wer hier auf Erden sein Amt als Diener in Treue versieht, wird im Stande sein, im Himmel in vollkommener Weise zu herrschen.
In unserem heutigen Bibeltext sagt Jesus: »Wer bei euch groß sein will, der soll euer Diener sein.« Gerade heute gibt es für Sie und mich zahllose Gelegenheiten, um zu dienen – um unseren Stolz zu überwinden und unsere Zeit, unsere Kraft, unsere Ressourcen und unser Recht auf Bequemlichkeit um anderer willen hinzugeben.
Jesus hat uns deutlich gemacht, wie er sich entscheiden würde. Er lädt Sie und mich dazu ein, jede Chance zu ergreifen, um uns zu wahrer Größe aufzuschwingen.

Anregung für Ihr Tagebuch

Wie fühle ich mich, wenn ich niedere Dienste für andere verrichte – oftmals ohne einen Dank dafür zu bekommen? Wo gibt es einen oder mehrere Menschen, dem/denen ich nach Gottes Willen vermehrt dienen soll?

Selig die Knechte, die der Herr wach findet, wenn er kommt!
Amen, ich sage euch: Er wird sich gürten, sie am Tisch
Platz nehmen lassen und sie der Reihe nach bedienen.
Lukas 12,37

21. Tag

Doppeltes Gehalt

Ihr Sklaven, gehorcht euren irdischen Herren in allem!
Arbeitet nicht nur, um euch bei den Menschen einzuschmeicheln
und ihnen zu gefallen, sondern fürchtet den Herrn
mit aufrichtigem Herzen! Tut eure Arbeit gern,
als wäre sie für den Herrn und nicht für Menschen;
ihr wisst, dass ihr vom Herrn euer Erbe als Lohn empfangen werdet.
Dient Christus, dem Herrn! Wer Unrecht tut,
wird dafür seine Strafe erhalten ohne Ansehen der Person.
Kolosser 3,22–25

Gott wird Sie belohnen, wenn Sie als Märtyrer um seinetwillen Ihr Leben geben. Doch wird er Sie auch dann belohnen oder auch nur Notiz davon nehmen, wenn Sie eine niedere Arbeit verrichten und ihm dabei treu dienen? Unser heutiger Bibeltext enthält eine unerhörte Zusage: So schlecht angesehen Ihre Arbeit auch sein mag und so wenig Ihr Chef Ihre Leistung möglicherweise zu schätzen weiß, wenn Sie sie von ganzem Herzen tun, werden Sie Ihr »Erbe als Lohn empfangen«.

Vor einiger Zeit leitete ich ein Seminar für eine Gruppe von sehr gebildeten und hoffnungsvollen jungen Geschäftsleuten im Fernen Osten. Ihre positive Einstellung stand im scharfen Kontrast zu ihren negativen Lebensumständen. Sie berichteten mir, dass sie aufgrund ihres Glaubens unter Diskriminierungen zu leiden hätten und dass ihre Vorgesetzten sie mit dem vollen Einverständnis der Geschäftsleitung tagtäglich schikanierten.

Während einer Pause kam ich mit einem der Teilnehmer ins Gespräch und fragte ihn: »Wie kommt es, dass Sie sich trotz allem eine so hervorragende Arbeitsmoral bewahren können?«

»Tja«, erwiderte er. »Die meisten von uns haben ein ganz entscheidendes Geheimnis. Wir arbeiten eigentlich gar nicht für unsere Vorgesetzten. Stattdessen tun wir unsere Arbeit gern, als wäre sie für den Herrn. Und Gott ist ein viel besserer Arbeitgeber!«

Im Leben dieser Christen sehen wir, was es heißt, unseren Arbeitgeber

zu ehren, indem wir uns für ihn so ins Zeug legen, als würden wir Jesus selbst dienen. Und dies ist nicht nur eine fromme Redensart. Paulus beschreibt in unserem Text aus dem Kolosserbrief sehr detailliert, wie dieses Dienen praktisch aussieht: »Gehorcht in allen Dingen«, »... als wäre sie für den Herrn«, »... nicht, um euch bei Menschen einzuschmeicheln«, »... mit aufrichtigem Herzen« und »... fürchtet den Herrn«.
Mit anderen Worten, tun Sie nicht nur so, als würden Sie sich für die Belange Ihres Arbeitgebers einsetzen. Tun Sie es wirklich.
Das erste Geheimnis, wie Sie lernen können, Ihre Arbeit wirklich zu genießen – und jene Gläubigen in Südostasien waren dafür ein lebendiger Beweis –, besteht darin, dass Sie sich bewusst machen, für wen Sie eigentlich arbeiten. Sie arbeiten für Jesus, und mit dem Wissen darum wird Ihr Herz voll und ganz hinter dem stehen, was Sie tun.
Es gibt jedoch noch ein weiteres Geheimnis, das wir auf jenem Seminar im Fernen Osten aufdeckten. Paulus fährt nämlich fort: »Ihr wisst, dass ihr vom Herrn euer Erbe als Lohn empfangen werdet« (Vers 24). Wir wissen, dass es bei unserem Erbe, das Paulus hier erwähnt, nicht um unsere Erlösung gehen kann, denn die Bibel spricht in diesem Zusammenhang nie von einem Lohn. Unsere Erlösung ist ein Geschenk, das uns durch die Gnade Gottes zuteil wird. Das zweite Geheimnis ist also die Tatsache, dass wir von Gott in der Ewigkeit ein »zweites Gehalt« bekommen werden: Ihr irdischer Arbeitgeber bezahlt Sie für Ihre täglichen Leistungen (und möglicherweise ist diese Bezahlung nicht einmal fair und angemessen), doch Ihr himmlischer Arbeitgeber bezahlt Sie noch einmal für dieselbe Arbeit (und er wird Sie immer gerecht behandeln und überaus großzügig belohnen, wenn Sie erst einmal im Himmel sind).
Dieses Prinzip der doppelten Entlohnung gilt nicht nur im Hinblick auf unseren Beruf, es gilt für alle möglichen Rollen und Funktionen, die wir ausfüllen und durch die wir Gott hingegeben dienen: zu Hause, bei unseren Aufgaben in der Gemeinde, als Nachbarn, als Familienmitglieder und als Freunde. Unser wirklicher »Vorgesetzter« ist Gott. Und er ist so wohlwollend und großzügig, dass er all die Dinge, die wir während unseres irdischen Lebens tun, im Himmel belohnt, sofern wir sie »für ihn« getan haben.

Es ist also an Ihnen, Ihrem himmlischen Arbeitgeber in allem zu dienen, was Sie heute tun werden. Und der »Chef des Himmels« ist nur allzu gerne bereit, Sie dafür reichlich zu belohnen. Es ist Jesus durchaus bewusst, dass es einer gehörigen Portion Glauben bedarf, um sich auf diesen himmlischen Lohn auch wirklich einzulassen. Vielleicht war es ihm deshalb so wichtig, mit seinen letzten Worten – die wir auf der letzten Seite der Bibel finden – noch einmal darauf zu sprechen zu kommen, wie sehr er unseren treuen Einsatz schätzt:

Siehe, ich komme bald und mit mir bringe ich den Lohn und ich werde jedem geben, was seinem Werk entspricht.
Offenbarung 22,12

Gott ist sehr wohl daran interessiert, wie es Ihnen ergeht, und er sieht all die kleinen und scheinbar unbedeutenden Dinge, die Sie heute in seinem Namen tun. Er kann es kaum noch erwarten, Sie dafür reichlich zu belohnen.

Anregung für Ihr Tagebuch

Welches sind die Menschen, für die ich nach Gottes Willen arbeite? Wie würde sich meine Haltung ihnen gegenüber ändern, wenn ich mir Jesus an ihrer Stelle vorstelle?

*Und ich hörte eine Stimme vom Himmel her rufen: Schreibe!
Selig die Toten, die im Herrn sterben, von jetzt an; ja, spricht der Geist, sie sollen ausruhen von ihren Mühen; denn ihre Werke begleiten sie.*
Offenbarung 14,13

Alles, was ihr in Worten und Werken tut, geschehe im Namen Jesu, des Herrn. Durch ihn dankt Gott, dem Vater!
Kolosser 3,17

22. Tag

Gottes Geheimagenten

Hütet euch, eure Gerechtigkeit vor den Menschen zur Schau zu stellen;
sonst habt ihr keinen Lohn von eurem Vater
im Himmel zu erwarten. Wenn du Almosen gibst,
lass es also nicht vor dir herposaunen,
wie es die Heuchler in den Synagogen und auf den Gassen tun,
um von den Leuten gelobt zu werden.
Amen, das sage ich euch: Sie haben ihren Lohn bereits erhalten.
Wenn du Almosen gibst, soll deine linke Hand nicht wissen,
was deine rechte tut.
Dein Almosen soll verborgen bleiben und dein Vater,
der auch das Verborgene sieht, wird es dir vergelten.
Matthäus 6,1–4

Einer der Gründe, warum manche Christen sich davor scheuen, über das Thema »gute Werke« zu reden, besteht darin, dass Gruppierungen, die ihren theologischen Schwerpunkt auf Werkgerechtigkeit legen, dem Ganzen häufig einen negativen Beigeschmack geben. Allzu leicht werden gute Werke zu einem falschen Evangelium hochstilisiert, zum Maßstab dafür, wie sehr wir bei Gott angenommen sind, und zu einem Statussymbol, das uns von anderen abhebt.
Dennoch ist die Bedeutung von guten Werken in unserem Leben eines der Hauptthemen des Neuen Testamentes. Sie sind freilich nicht die Eintrittskarte zum neuen Leben in Jesus, aber dessen ganz natürliche Ausdrucksform und somit höchst wünschenswert. Hier vier Beispiele dazu:

- »In seiner Macht kann Gott alle Gaben über euch ausschütten, sodass ... ihr noch genug habt, um allen Gutes zu tun« (2. Korinther 9,8).
- »Denn ihr sollt ein Leben führen, das des Herrn würdig ist und in allem sein Gefallen findet. Ihr sollt Frucht bringen in jeder Art von guten Werken« (Kolosser 1,10).

- »Jesus Christus aber, unser Herr, ... tröste euch und gebe euch Kraft zu jedem guten Werk und Wort« (2. Thessalonicher 2,16–17).
- »Sie sollen immer bereit sein, Gutes zu tun« (Titus 3,1).

Sind auch Sie misstrauisch, wenn Sie »superfrommen Wohltätern« begegnen? Sind Sie aus diesem Grund voreingenommen, wenn der Zusammenhang zwischen guten Werken und unserem ewigen Lohn thematisiert wird, auch wenn Jesus selbst ihn immer wieder hervorgehoben hat?

Dann möchte ich Ihnen vorschlagen, sich als Gottes Geheimagent rekrutieren zu lassen.

Jesus bezeichnete die Verborgenheit als ein ganz praktisches und überaus deutliches Kennzeichen dafür, ob ein Werk wirklich zur Ehre Gottes getan wird. Interessanterweise waren die Werke der »superfrommen Wohltäter« zur Zeit Jesu weder verborgen noch gaben sie Gott die Ehre!

Diese Leute spezialisierten sich vielmehr darauf, für jedes ihrer guten Werke ein Maximum an öffentlicher Anerkennung herauszuschlagen. Unser heutiger Text spricht davon, dass sie quasi die Posaune blasen ließen, damit nur jeder davon erfuhr, wenn sie anderen Gutes taten. So galten sie in den Augen ihrer Zeitgenossen als der Inbegriff der Frömmigkeit. Jesus jedoch hält ihnen entgegen: »Hütet euch, eure Gerechtigkeit vor den Menschen zur Schau zu stellen; sonst habt ihr keinen Lohn von eurem Vater im Himmel zu erwarten.«

Heute werden Sie viele Gelegenheiten haben, anderen im Namen Jesu zu dienen. Lassen Sie es im Verborgenen geschehen! Machen Sie Ihre guten Werke für andere unsichtbar. Besser noch, tun Sie die Dinge so, dass Sie selbst völlig anonym bleiben und dass Gott die Ehre dafür bekommt.

Ich kenne eine Gruppe von Männern, die sich etwas überaus Bemerkenswertes vornahm. Diese Männer fragten sich: *Was könnten wir in der unmittelbaren Nachbarschaft unserer Gemeinde tun, um Gottes Ansehen zu fördern, ohne dass irgendeiner von uns dafür gelobt wird?* Für sie bedeutete dies, dass nicht einmal bekannt werden sollte, von welcher Gemeinde die Initiative ausging.

So stellten sie einen Plan auf und begannen, diesen umzusetzen. Sie machten Spenden und erzählten den Menschen von Jesus, ohne dass jemand erfuhr, wer sie waren. Sie setzten sich anonym und diskret für die Anliegen der Menschen in ihrer Nachbarschaft ein, ohne dafür irgendetwas zu verlangen. Sie machten heimlich Reparaturen und stellten den Leuten Nahrungsmittel vor die Tür – sie wirkten als Gottes Geheimagenten.

»Wir versuchten, die Dinge so zu machen, dass den Leuten nichts anderes übrig blieb, als vor Freude und Dankbarkeit Gott gegenüber in die Luft zu springen«, meinte einer von ihnen später. »Wir lernten einiges darüber, was es bedeutet, ein Engel zu sein – ein Bote oder Diener Gottes, der in aller Stille großartige Dinge im Leben von Menschen bewirkt. Es war wirklich eine aufregende Erfahrung!«

Pastor Mark Buchanan schreibt in seinem Buch *Your God Is Too Safe:* »Entweder tun wir Gutes, um von anderen bemerkt zu werden, oder wir tun es, um Gott Ehre zu machen. Dabei ist die Frage der Verborgenheit das entscheidende theologische Unterscheidungskriterium. Wenn wir etwas im Verborgenen tun, dann bekunden wir, dass uns *Gottes Lohn* mehr bedeutet als der *Lohn von Menschen* und dass wir uns auf Gottes Vertrauenswürdigkeit verlassen« (Hervorhebungen durch den Autor).[5]

Ruft Gott Sie heute dazu auf, sich wirklich um gute Werke für ihn zu bemühen? Seien Sie dabei nur nicht zu schüchtern. Aber bleiben Sie unsichtbar.

Anregung für Ihr Tagebuch

Jesus sagte, dass sogar Fasten und Beten belohnt werden, wenn es im Verborgenen geschieht (Matthäus 6,6.18). Inwieweit verändert diese Perspektive meine Vorstellungen davon, wie ich mein geistliches Leben künftig gestalten möchte?

---

[5] Mark Buchanan, *Your God Is Too Safe* (Sisters, OR: Multnomah Publishers, 2001), S. 184.

Trachte danach, dass deine guten Werke im Verborgenen geschehen.
Du selbst verkenne deine eigene Tugendhaftigkeit.
Verbirg vor dir selbst die lobenswerten Dinge, die du getan hast.
Die stolze Betrachtung der eigenen Großzügigkeit
vermag all deine Almosen zu verderben.
Halte es so geheim, dass du selbst kaum jemals erkennst,
dass du etwas Achtbares vollbracht hast.
Lass Gott dein Zuschauer sein, und dies sei dir genug.
Er wird dich belohnen »vor aller Augen«,
wie ein Vater sein Kind belohnt.
Er wird dich belohnen, weil er gesehen hat, was du getan hast,
wohl wissend, dass du es ganz und gar für ihn getan hast.
Charles Spurgeon

Wer sich aber in das vollkommene Gesetz der Freiheit vertieft
und an ihm festhält, wer es nicht nur hört, um es wieder zu vergessen,
sondern danach handelt, der wird durch sein Tun selig sein.
Jakobus 1,25

23. Tag

Der Mann, den Gott einen »Narren« nannte

Und er erzählte ihnen folgendes Beispiel:
Auf den Feldern eines reichen Mannes stand eine gute Ernte.
Da überlegte er hin und her: Was soll ich tun?
Ich weiß nicht, wo ich meine Ernte unterbringen soll.
Schließlich sagte er: So will ich es machen:
Ich werde meine Scheunen abreißen und größere bauen;
dort werde ich mein ganzes Getreide und meine Vorräte unterbringen.
Dann kann ich zu mir selber sagen:
Nun hast du einen großen Vorrat, der für viele Jahre reicht.
Ruh dich aus, iss und trink und freu dich des Lebens!
Lukas 12,16–19

Zur Zeit Jesu dachten die Menschen genauso über Geld, wie es die meisten von uns heutzutage auch tun: Verschaffe dir hier in diesem Leben so viel Geld wie möglich und genieße es, solange du kannst. Damals meinte man sogar, am Wohlstand eines Menschen ablesen zu können, wie es um seinen geistlichen Zustand bestellt ist; Reichtum war ein Maßstab dafür, wie sehr Gott einem Menschen wohlgesonnen war.

Vor diesem Hintergrund muss das, was Jesus zum Thema »Geld und Besitz« lehrte, in der Tat ziemlich schockierend gewesen sein. Zu einem jungen Mann, der scheinbar vollkommen gottgefällig lebte, sagte Jesus einmal: »Verkauf alles, was du hast, [und] verteil das Geld an die Armen« (Lukas 18,22).

Bedauerlicherweise kommen viele Menschen heutzutage zu dem Schluss, dass es für Christen ungeistlich wäre, sich um weltlichen Besitz zu kümmern. Jesus warnte uns zwar, dass die Vergötterung des Geldes uns Gott entfremdet, doch hat er auch niemals gelehrt, es sei verwerflich, Geld zu besitzen. Was er meinte, war vielmehr Folgendes: Wir sollen mit unserem Geld so umgehen, dass wir es mit in den Himmel nehmen können!

Er sagte:
Sammelt euch nicht Schätze hier auf der Erde, wo Motte und Wurm sie zerstören und wo Diebe einbrechen und sie stehlen, sondern sammelt euch Schätze im Himmel.
Matthäus 6,19–20

Gilt die Aufforderung, sich Schätze im Himmel zu sammeln, nur für die Superheiligen unter uns? Keineswegs. Wie wir in *Ein Leben, das Gott belohnt* gesehen haben, steht das Wort »sammeln« im Griechischen in der Befehlsform. Es ist also als eine Anweisung Gottes an uns zu verstehen. Um diese Aussage zu unterstreichen, erzählte Jesus eine Geschichte von einem wohlhabenden Mann, der sich keine Schätze im Himmel sammelte.
Diesen Mann nannte Gott einen Narren.
In unserem heutigen Bibeltext sehen wir, dass alles, was dieser Mann anfasste, zu Geld wurde. Und auch seine Investmentstrategie scheint auf den ersten Blick durchaus vernünftig: Reserven aufstocken, sich mehr Freizeit gönnen, das Leben genießen.
Und doch sagt Jesus Folgendes über diesen Mann:

Da sprach Gott zu ihm: »Du Narr! Noch in dieser Nacht wird man dein Leben von dir zurückfordern. Wem wird dann all das gehören, was du angehäuft hast?«
Lukas 12,20

Der Fehler dieses Mannes bestand darin, dass er einfach nur darauf aus war, sich ein Vermögen auf dieser Erde zu schaffen, ohne ein Guthaben im Himmel anzulegen. Jesus meinte damit keineswegs, dass es falsch ist, unsere Besitztümer weise zu verwalten. Doch wenn wir lediglich irdische Reichtümer anhäufen, dann handeln wir sehr töricht, weil wir am Ende alles verlieren werden.
Jesus gab uns einige praktische Hinweise, wie wir mit unserem materiellen Besitz umgehen sollten. Zum einen: Wenn wir in diesem Leben volle Genüge haben wollen, müssen wir zuallererst Gott dienen (Matthäus 6,33; Lukas 12,31). Zum anderen: Wenn wir unseren Besitz mit in

den Himmel nehmen wollen, müssen wir einen Teil davon in das Reich Gottes hier auf Erden investieren. Er sagte: »Verkauft eure Habe und gebt den Erlös den Armen! Macht euch Geldbeutel, die nicht zerreißen. Verschafft euch einen Schatz, der nicht abnimmt, droben im Himmel, wo kein Dieb ihn findet und keine Motte ihn frisst« (Lukas 12,33).

Beachten Sie die Verbindung: Sie geben Ihr Geld den Bedürftigen und schaffen sich damit einen bleibenden Schatz im Himmel. Ebendiese Verbindung finden wir auch in der Anweisung des Paulus an Timotheus, die Reichen wie folgt zu ermahnen: »Sie sollen wohltätig sein, reich werden an guten Werken, freigebig sein und, was sie haben, mit anderen teilen. So sammeln sie sich einen Schatz als sichere Grundlage für die Zukunft, um das wahre Leben zu erlangen« (1. Timotheus 6,18–19).

Jener törichte reiche Mann aus dem Gleichnis Jesu verfiel einer irdischen Verblendung, die uns allen sicherlich nur allzu vertraut ist. Er dachte, sein irdisches Vermögen sei sein eigentlicher Reichtum. Denken Sie einmal darüber nach, wie Sie Ihre irdischen Besitztümer verwalten. Haben Sie Ihr Vermögen so angelegt, dass Sie ein Maximum an Rendite für die Ewigkeit erwarten können?

Ihr wahrer und bleibender Schatz ist im Himmel, und Jesus möchte, dass Sie einen großen Schatz vorfinden, wenn Sie dort ankommen.

Anregung für Ihr Tagebuch

Wenn ich einmal versuchen wollte, meinen Schatz im Himmel abzuschätzen, wie groß wäre er wohl? Nach allem, was ich jetzt über das Schätzesammeln im Himmel weiß, wie verändert sich dadurch meine Haltung?

Wir schauen danach, wie viel ein Mensch gibt;
Christus schaut danach, wie viel er für sich behält.

Andrew Murray

24. Tag

Ein Leben der Radikalität

Darauf sagte Jesus zu seinen Jüngern:
»Wer mein Jünger sein will, der verleugne sich selbst,
nehme sein Kreuz auf sich und folge mir nach.
Denn wer sein Leben retten will, wird es verlieren;
wer aber sein Leben um meinetwillen verliert, wird es gewinnen.
Was nützt es einem Menschen, wenn er die ganze Welt gewinnt,
dabei aber sein Leben einbüßt?
Um welchen Preis kann ein Mensch sein Leben zurückkaufen?
Der Menschensohn wird mit seinen Engeln in der Hoheit seines Vaters
kommen und jedem Menschen vergelten,
wie es seine Taten verdienen.«
Matthäus 16,24–27

Als Jesus darüber sprach, was es bedeutet, auf Erden so für Gott zu leben, dass wir uns einen Schatz in der Ewigkeit sammeln, stellte er eine sehr radikale Aussage an den Anfang:

Wer mein Jünger sein will, der verleugne sich selbst, nehme sein Kreuz auf sich und folge mir nach.
Matthäus 16,24

Sich selbst verleugnen. Sein Kreuz auf sich nehmen. Sein Leben verlieren. Was meint Jesus damit? Ganz sicher nicht: »Schließen Sie sich meiner Organisation an«, oder: »Kommen Sie in unsere Gemeinde.« Jesus gibt uns an dieser Stelle eine überaus radikale Definition davon, was es bedeutet, sein Jünger zu sein: unser Leben für sein Leben.
An die Begriffe, die Jesus hier verwendet, haben wir uns freilich längst gewöhnt. »Sein Kreuz tragen« ist zum Beispiel zu einer Redensart geworden, die wir in Bezug auf nahezu alles anwenden, was uns im Alltag Mühe macht oder Ärger bereitet (wie unsere etwas zu groß

geratene Nase oder der Störenfried von Nachbar, der uns das Leben schwer macht).
Jesus meinte damit jedoch etwas völlig anderes, und genau so wurde er von seinen Jüngern auch verstanden: Männer in Ketten, zum Tode verurteilt, die ihr Kreuz zum Ort ihrer Hinrichtung schleppten. Die römischen Kreuze zur damaligen Zeit waren aus rauem, schwerem Holz. Sie zu tragen war Schwerstarbeit, es bedeutete tiefste Schmach und am Ende den sicheren Tod.
Eines Tages sollten die Jünger erkennen, dass Jesus hier sein eigenes Schicksal beschrieben hatte.
Doch so unerhört radikal diese Aufforderung Jesu, unser Leben für ihn hinzugeben, auch ist, so unmissverständlich ist auch seine Zusage, dass wir dadurch etwas anderes »gewinnen«: Denn es ist der einzige Weg, wie Sie Ihr Leben retten können, und er wird Sie dafür in der Ewigkeit segnen.
Jesus offenbarte Ihnen sogar, in welcher Weise er Sie in der Ewigkeit segnen würde:

Der Menschensohn wird mit seinen Engeln in der Hoheit seines Vaters kommen und jedem Menschen vergelten, wie es seine Taten verdienen.
Vers 27

Sehen Sie, Jesus schlägt uns hier einen sehr persönlichen Tausch vor: Ihr heutiges Leben für seinen künftigen Lohn. Und er will, dass jeder, der sich auf diesen Tausch einlässt, weiß, dass er das Leben findet, nach dem er sich wirklich sehnt – hier, in dieser Welt, und in der Ewigkeit.
Wir können unser Christsein unter ganz verschiedenen Gesichtspunkten betrachten: Da sind Freundschaften, da gibt es eine tragfähige Gemeinschaft, eine inspirierende Spiritualität, persönliche Heilungserfahrungen und christliche Werte, die unserem Leben eine neue Qualität geben. Doch das alles sind lediglich Nebenprodukte. Zuallererst gilt es, diesen radikalen persönlichen Tausch zu vollziehen.
Ich möchte Sie heute fragen: Haben Sie persönlich Ihr Herz und Ihren Verstand geöffnet, um den Ruf Jesu zu hören? Sind Sie bereit, darauf einzugehen, was es Sie auch kosten mag?

Hier einige ganz reale Möglichkeiten, wie Sie der Aufforderung Jesu ganz praktisch Folge leisten können. Es sind Beispiele, die mir in der letzten Zeit begegnet sind und die ich Ihnen an dieser Stelle auflisten möchte, um Sie herauszufordern und einzuladen, darüber nachzudenken und zu beten:

- Vielleicht entschließen Sie sich, von 10 Prozent Ihres Einkommens zu leben und 90 Prozent davon ins Reich Gottes zu geben. Ändern Sie Ihren Lebensstandard, um mit weniger auszukommen. Machen Sie sich darauf gefasst, dass Sie dabei viel Freude erleben werden.
- Überlassen Sie Ihr Haus oder auch nur ein einzelnes Zimmer voll und ganz den Anliegen des Reiches Gottes. Laden Sie Gäste in Ihr Haus ein, die Sie normalerweise nicht einladen würden. Stellen Sie sich die Frage: Wie will Jesus diesen Raum in der vor mir liegenden Woche nutzen?
- Verbringen Sie jeden Tag sechs Stunden im Gebet.
- Ordnen Sie sich ganz bewusst einer schwierigen Autoritätsperson unter, weil Sie dahinter Jesus als Ihre eigentliche Autorität sehen.
- Stellen Sie sich die Frage, wie Sie Ihre Fähigkeiten unmittelbarer für das Reich Gottes einsetzen können.
- Verschenken Sie Ihren allerliebsten Gegenstand an einen Menschen, der ihn noch mehr zu schätzen weiß als Sie selbst.
- Machen Sie während Ihres nächsten Familienurlaubs einen Missionseinsatz.
- Stellen Sie einen realistischen zwölfmonatigen Trainingsplan darüber auf, wie Sie Ihre Fähigkeiten im Dienst für Gott verbessern können. Tun Sie dies von nun an jedes Jahr.
- Investieren Sie die Zeit, die Sie normalerweise vor dem Fernseher verbringen, stattdessen für die Ewigkeit. Setzen Sie Ihre Zeit ganz bewusst für andere ein. Beginnen Sie dabei mit Ihrer eigenen Familie und weiten Sie diesen Zirkel Stück für Stück auf andere aus. Schreiben Sie auf, wie Sie Gottes Handeln erleben.
- Handeln Sie mit Ihrem Arbeitgeber eine 4-Tage-Woche mit jeweils zehn Stunden aus, damit Sie einen ganzen Tag für die Arbeit im Reich Gottes investieren können.

- Rufen Sie Ihren Pastor an und teilen Sie ihm mit, dass Sie sich für die nächste wichtige Aufgabe zur Verfügung stellen, die sonst niemand übernehmen will. Übernehmen Sie diese Aufgabe, was auch immer es ist.
- Fasten Sie einen Tag in der Woche und verwenden Sie Ihre gewohnten Essenszeiten zum Beten und Bibellesen.

Wenn ein Mensch sich um Jesu willen zu solchen Schritten entschließt, dann hat das in der Ewigkeit einen lauten Widerhall. Auch bei Ihnen wird dies nicht anders sein. Jeder praktische Schritt beginnt damit, dass wir uns klarmachen, was Nachfolge Jesu eigentlich bedeutet. Wir müssen unsere Perspektive auf die Ewigkeit hin erweitern und uns einfach auf den Weg machen, den Blick immer auf Jesus gerichtet.

Anregung für Ihr Tagebuch

Wo habe ich in der Vergangenheit um Jesu willen »radikale« Dinge getan? Wie habe ich mich dabei gefühlt? Was hindert mich daran, auch heute wieder radikale Schritte zu tun?

Tue so viel Gutes, wie du kannst, mit allen erdenklichen Mitteln,
auf jede nur mögliche Weise, wo immer du kannst,
wann immer du kannst, jedem, der dir in den Weg kommt,
solange es dir irgend möglich ist!

John Wesley

Ich gehe, um einen Platz
für euch vorzubereiten ...
damit auch ihr
dort seid,
wo ich bin.

VIERTE WOCHE

Im Himmel zu Hause

Ich gehe, um einen Platz für euch vorzubereiten ... damit auch ihr dort seid, wo ich bin.
Johannes 14,2–3

25. Tag

Der Himmel – ein ganz realer Ort

Dann sagte er: »Jesus, denk an mich, wenn du in dein Reich kommst.«
Jesus antwortete ihm: »Amen, ich sage dir:
Heute noch wirst du mit mir im Paradies sein.«
Lukas 23,42–43

»Als ich noch ein kleiner Junge war, erschauderte ich beim Gedanken an den Himmel mehr als beim Gedanken an die Hölle.« Das bekannte einmal David Lloyd George, ein britischer Premierminister aus dem 19. Jahrhundert. »Wenn ich an den Himmel dachte, dann stellte ich mir zwangsläufig einen Ort vor, an dem es immer Sonntag war, mit endlosen Gottesdiensten, vor denen es kein Entrinnen gab. Es war einfach ein schrecklicher Albtraum ... Diese Vorstellung trug dazu bei, dass ich für ganze zehn Jahre zum Atheisten wurde.«
Können Sie das nachvollziehen? Ich schon. Ich wuchs mit dem Gedanken auf, dass der Himmel ein Ort sei, an dem Engelschöre ohne Unterlass singen und dabei Palmwedel schwingen. Es schien fast wie eine einzige, niemals endende Chorprobe.
In dieser vierten Woche wollen wir uns damit befassen, was Jesus selbst über die Ewigkeit sagt. Wir werden uns verschiedenste Fragen stellen, wie zum Beispiel: Wie wird der Himmel (beziehungsweise die Hölle) aussehen? Welche Auswirkungen wird unser Verhalten hier auf der Erde auf das haben, was wir dort erleben? Ist der Himmel nicht für alle Menschen gleich?
Nehmen Sie sich doch einmal einen Moment Zeit und denken Sie ganz bewusst darüber nach, was Ihnen in den Sinn kommt, wenn Sie das Wort *Himmel* hören. Oft höre ich Assoziationen wie diese:

- Wolken
- Ruhe (Dies scheint vor allem jungen Müttern wichtig zu sein.)
- Perlentore

- Zeit, um Familienmitglieder und Freunde zu besuchen, die man lange nicht gesehen hat (Das wird vor allem von Großeltern immer wieder angeführt.)
- Mose (... der wie Charlton Heston aussieht.)
- bei Jesus sein
- der perfekte Traum

Die Frage, wie wir uns den Himmel vorstellen, ist von großer Wichtigkeit. Sie entscheidet letztlich darüber, wie wir unser Leben gestalten. Doch wie sollen wir uns den Himmel nun wirklich vorstellen?
Jesus sprach oft und mit großer Deutlichkeit über dieses Thema. Laut seinen Worten ist der Himmel der Ort, an dem Gott, der Vater, mit seinen Engeln zu Hause ist, der Ort, wo er (Jesus) auf dem Thron sitzen wird, um zu richten und zu regieren, das Ziel, nach dem sich jeder, der ihm nachfolgt, aus tiefstem Herzen sehnt.
Doch so vieles über unser Leben im Himmel bleibt im Dunkeln – wir *können* es nicht erfassen, weil es unseren irdischen Verstand einfach bei weitem übersteigt. Heute möchte ich Sie jedoch dazu ermutigen, sich auf den Gedanken einzulassen, dass der Himmel kein Traum ist, keine Sciencefictionutopie und kein theologisches Konzept, sondern ein ganz realer Ort.
Wenn wir uns den Himmel vorstellen, dann assoziieren wir damit im Allgemeinen eine Art »wunderbares Nichts«. Kein Wunder, dass uns das ziemlich langweilig erscheint!
Dabei brauchen Sie nur einmal an das Paradies zu denken, das Gott für die Menschen in Form des Gartens Eden erschaffen hatte. Adam und Eva standen keineswegs den ganzen Tag Palmwedel schwingend herum und sangen. Ihr Leben war überaus sinnerfüllt, es bot Verantwortung, eine Fülle von Möglichkeiten, es war voller Gemeinschaft, Freude und Spaß. Wieso sollte es im Himmel anders sein? Es entspricht einfach dem Wesen unseres Gottes, etwas zu erschaffen, das Sinn und Ziel hat und viel Raum für Kreativität und Gemeinschaft bietet.
Aus den Beschreibungen, die wir im Neuen Testament finden, ergibt sich ein durchaus anschauliches Bild vom Himmel, das vieles enthält, was uns vertraut ist. Zum Beispiel:

- *Wohnungen.* »Im Haus meines Vaters gibt es viele Wohnungen. Wenn es nicht so wäre, hätte ich euch dann gesagt: Ich gehe, um einen Platz für euch vorzubereiten?« (Johannes 14,2).
- *Straßen und Tore.* »Die zwölf Tore sind zwölf Perlen; jedes der Tore besteht aus einer einzigen Perle. Die Straße der Stadt ist aus reinem Gold, wie aus klarem Glas« (Offenbarung 21,21).
- *Flüsse, Bäume und Früchte.* »Zwischen der Straße der Stadt und dem Strom, hüben und drüben, stehen Bäume des Lebens. Zwölfmal tragen sie Früchte, jeden Monat einmal« (Offenbarung 22,2).
- *Gemeinschaft mit anderen.* »Ihr seid ... hingetreten zur Stadt des lebendigen Gottes, dem himmlischen Jerusalem, zu Tausenden von Engeln, zu einer festlichen Versammlung und zur Gemeinschaft der Erstgeborenen, die im Himmel verzeichnet sind« (Hebräer 12,22–23).
- *Dienen.* »Es wird nichts mehr geben, was der Fluch Gottes trifft. Der Thron Gottes und des Lammes wird in der Stadt stehen und seine Knechte werden ihm dienen« (Offenbarung 22,3).
- *Essen.* »Selig, wer zum Hochzeitsmahl des Lammes eingeladen ist« (Offenbarung 19,9).
- *Gemeinschaft und Nähe zu Gott.* »Heute noch wirst du mit mir im Paradies sein« (Lukas 23,43).
- *Lob und Anbetung Gottes.* »Und eine Stimme kam vom Thron her: ›Preist unsern Gott, all seine Knechte und alle, die ihn fürchten, Kleine und Große!‹« (Offenbarung 19,5).
- *Eine Zeit des Ausruhens und der Belohnung.* »Schreibe! Selig die Toten, die im Herrn sterben, von jetzt an; ja, spricht der Geist, sie sollen ausruhen von ihren Mühen; denn ihre Werke begleiten sie« (Offenbarung 14,13).

Wenn Sie heute durch den Tag gehen, dann halten Sie sich vor Augen, dass auch Sie eines Tages die tiefe Freude erleben werden, ganz persönlich von Jesus in den Himmel aufgenommen zu werden. An jenem Tag treten Sie in eine ganz neue – und sehr reale – Existenz ein! Und kein Mensch hat je gesehen, was Gott dort für Sie bereithält (1. Korinther 2,9).

Dem sterbenden Dieb, der neben ihm am Kreuz hing, hat Jesus nicht irgendeinen billigen Trost angeboten. Es war eine greifbare Zusage: »Amen, ich sage dir: Heute noch wirst du mit mir im Paradies sein« (Lukas 23,43). Sie können heute mit der Gewissheit in den Tag gehen, dass Jesus dafür gestorben ist, auch Ihnen genau das zu ermöglichen.

Anregung für Ihr Tagebuch

Inwieweit unterscheidet sich das, was die Bibel über den Himmel lehrt, von den Vorstellungen, mit denen ich aufgewachsen bin? Was empfinde ich, wenn ich die biblische Beschreibung des Himmels lese?

Sei treu bis in den Tod;
dann werde ich dir den Kranz des Lebens geben.
Offenbarung 2,10

Die Hoffnung aber lässt nicht zu Grunde gehen;
denn die Liebe Gottes ist ausgegossen in unsere Herzen
durch den Heiligen Geist, der uns gegeben ist.
Römer 5,5

26. Tag

Familientreffen

Liebe Brüder, jetzt sind wir Kinder Gottes.
Aber was wir sein werden, ist noch nicht offenbar geworden.
Wir wissen, dass wir ihm ähnlich sein werden, wenn er offenbar wird;
denn wir werden ihn sehen, wie er ist.
Jeder, der dies von ihm erhofft, heiligt sich, so wie er heilig ist.
1. Johannes 3,2–3

Der Himmel ist der Ort, an dem Gott sein großes Familientreffen feiern wird, und die ganze Menschheit ist dazu eingeladen. Für diejenigen von uns, die seine Einladung annehmen, ist das Leben in dieser Welt eine vorübergehende Mission, die lediglich zur Vorbereitung dient, bis wir endlich die Heimreise antreten können. Manchmal ist unsere irdische Wegstrecke voller Freude, manchmal voller Schwierigkeiten.

Doch eines Tages kommt der Moment der Heimkehr, an dem wir durch den Tod hindurch ins Leben eintreten werden. Wir werden zu Hause bei Gott sein ... Welch ein erstaunlicher Gedanke!

Heute wollen wir ein wenig näher betrachten, was die Bibel über den Moment unserer Heimkehr berichtet:

- *Wir werden uns bei Gott willkommen fühlen.* Jesus sagte: »Ich gehe, um einen Platz für euch vorzubereiten ... damit auch ihr dort seid, wo ich bin« (Johannes 14,2–3). Jeder, der ein Kind Gottes ist, wird sich im Himmel spontan zu Hause fühlen. Wie ein liebevoller Vater, der abends an der Türe wartet, wird er zuallererst seine Freude darüber zum Ausdruck bringen, dass wir nun endlich bei ihm sind (selbst dann, wenn wir Matsch an den Schuhen und aufgeschlagene Knie haben). Wir werden spüren, wie sehr Gott sich auf diesen Moment gefreut hat und wie sehr er unsere Gegenwart genießt.
- *Wir werden eine Veränderung erfahren.* In unserem heutigen Text lesen wir: »Was wir sein werden, ist noch nicht offenbar geworden. Wir wissen, dass wir ihm ähnlich sein werden, wenn er offenbar

wird; denn wir werden ihn sehen, wie er ist« (Vers 2). Paulus war voller Vorfreude auf diesen Tag. Er schreibt: »... wir aber werden verwandelt werden. Denn dieses Vergängliche muss sich mit Unvergänglichkeit bekleiden und dieses Sterbliche mit Unsterblichkeit« (1. Korinther 15,52–53).

- *Wir werden Gott anbeten.* Wenn wir Gott und seine Güte unmittelbar erfahren, werden wir darauf unweigerlich mit Anbetung reagieren. Im Himmel werden wir die ganze Fülle Gottes genießen. Ihn voller Dankbarkeit zu loben und anzubeten wird uns ein ebenso natürliches Bedürfnis sein wie das Atmen (Offenbarung 19,6–7).
- *Alles Leid wird ein Ende haben.* Im Himmel wird es kein Leid und keinen Kummer mehr geben, keinen Hunger und keinen Durst, keine Einsamkeit, keinen Mangel und auch keine Sünde – kein Leiden, in welcher Form auch immer (Offenbarung 21,4).

Wir werden die Ewigkeit damit verbringen, all das zu bestaunen, was »Gott denen bereitet hat, die ihn lieben« (1. Korinther 2,9).
Was mag Gott heute von uns erwarten, da wir auf eine solche herrliche Zukunft zugehen? Die Apostel sprachen davon, dass unsere Hoffnung auf die Ewigkeit uns vor allem zu zwei Dingen drängt:

- *Die Hoffnung auf den Himmel drängt uns dazu, uns zu heiligen.* Wenn wir ganz bewusst als Kinder Gottes leben, die eine derart erstaunliche Zukunft vor sich haben, dann wird das in unserem Alltag nicht ohne Auswirkungen bleiben. Johannes schreibt: »Wir werden ihn sehen, wie er ist. Jeder, der dies von ihm erhofft, heiligt sich, so wie Er heilig ist« (1. Johannes 3,2–3).

Halten Sie sich heute immer wieder vor Augen, dass Sie Jesus tatsächlich einmal von Angesicht zu Angesicht gegenüberstehen werden. Sie werden als ein himmlisches Wesen in seiner Gegenwart leben. Allein das Wissen um diese endgültige Realität kann der vergänglichen Sünde bereits ein gutes Stück ihrer Anziehungskraft nehmen und sie als eine kostspielige Täuschung entlarven.

- *Die Hoffnung auf den Himmel drängt uns dazu, Gott zu dienen.* Nachdem Paulus den Korinthern deutlich gemacht hatte, wie wichtig ihr Glaube an die Realität der Auferstehung ist, schreibt er zum Abschluss Folgendes: »Daher, geliebte Brüder, seid standhaft und unerschütterlich, nehmt immer eifriger am Werk des Herrn teil und denkt daran, dass im Herrn eure Mühe nicht vergeblich ist« (1. Korinther 15,58).

Dieser Tag ist ein neues Geschenk Gottes an uns. Wie leicht geschieht es, dass wir ihn einfach vorbeiziehen lassen; wir lassen die Gelegenheiten, die dieser Tag mit sich bringt, ungenutzt verstreichen, und das Geschenk der ewigen Belohnung entgeht uns, weil wir es im unscheinbaren Packpapier des Alltags einfach übersehen.
Oder aber wir dienen Gott freudig und treu auf jede nur erdenkliche Weise in dem Wissen, dass alles, was wir heute in seinem Namen tun, ewige Auswirkungen haben wird – und diese werden an jenem herrlichen Tag offenbar, an dem Gott sein großes Familientreffen im Himmel feiert.

Anregung für Ihr Tagebuch

Lieber Herr, ich bin so dankbar, dass ich ein Teil deiner Familie sein darf. Hilf mir, heute wie ein Kind Gottes zu leben.

Ich aber will in Gerechtigkeit dein Angesicht schauen,
mich satt sehen an deiner Gestalt, wenn ich erwache.
Psalm 17,15

Solange Frauen noch so weinen, wie sie es heute tun,
werde ich kämpfen;
solange es noch kleine Kinder gibt, die hungern,
werde ich kämpfen;
solange Männer noch ins Gefängnis gehen –
hinein und wieder heraus,
hinein und wieder heraus –, so wie es heute geschieht,
werde ich kämpfen.
Solange noch ein einziger Säufer übrig ist,
solange noch ein einziges armes,
verlorenes Mädchen auf der Straße ist,
solange noch eine einzige Seele in der Dunkelheit
ohne das Licht Gottes lebt,
werde ich kämpfen – ich werde kämpfen bis zum Schluss.

William Booth, Begründer der Heilsarmee

27. Tag

Ein wunderbarer Ort (aber nicht für alle im gleichen Masse)

Darum vermache ich euch das Reich,
wie es mein Vater mir vermacht hat:
Ihr sollt in meinem Reich mit mir
an meinem Tisch essen und trinken
und ihr sollt auf Thronen sitzen
und die zwölf Stämme Israels richten.
Lukas 22,29–30

In meinem Buch *Das Gebet des Jabez* haben wir festgestellt, worum wir nach Gottes Willen immer und immer wieder im Gebet bitten sollen: dass er uns in diesem Leben reichlich segnet. Sowohl in *Ein Leben, das Gott belohnt* als auch in diesem Andachtsbuch ging es mir vornehmlich darum, Ihnen nahe zu bringen, dass Gott uns dazu berufen hat, ihm während unseres irdischen Lebens in der Gewissheit zu dienen, dass er uns in der Ewigkeit reichlich dafür belohnen wird.

Heute möchte ich mit Ihnen die Kehrseite dieser Wahrheit betrachten: Wenn der Segen und Lohn Gottes denen zuteil werden, die ernsthaft darum beten und sich aufrichtig darum bemühen, dann bedeutet dies im Gegenzug, dass es Segnungen und Belohnungen gibt, die denen vorenthalten bleiben, die sich nicht von ganzem Herzen danach ausstrecken.

Jesus ist keineswegs zusammengezuckt, als seine Jünger ihm die Frage stellten: »Du weißt, wir haben alles verlassen und sind dir nachgefolgt. Was werden wir dafür bekommen?« (Matthäus 19,27). Auch tadelte er die Jünger nicht oder warf ihnen vor, dass sie nun doch wohl ein wenig zu viel von ihm erwarten würden. Er antwortete ihnen vielmehr, indem er ihnen eine Zusage machte. Er begann mit den Worten: »Amen, ich sage euch ...«, dann fuhr er fort und teilte ihnen mit, dass sie nach der Auferstehung auf zwölf Thronen sitzen und das Volk

Israel richten würden. Er versprach sogar noch mehr: Für jeden, der alles verlassen hätte, um ihm nachzufolgen, würde eine Belohnung bereitliegen, die alles, was diese Person selbst hätte erreichen können, um ein Hundertfaches übersteigt (Verse 28–29).

Wenn einige im Himmel herrschen und regieren werden, dann bedeutet das freilich, dass andere diese Aufgaben nicht zugeteilt bekommen. Einige werden Belohnungen empfangen, die Freude und Jubel bei ihnen auslösen werden (Matthäus 5,12), andere dagegen nicht.

Mit anderen Worten: Der Himmel wird keineswegs für alle gleich sein. Überrascht Sie das? Wenn ich darüber spreche, höre ich immer wieder Reaktionen wie diese: »Ich will nicht in einem Himmel sein, wo es wieder eine Hierarchie gibt. Ich habe schon genug von den Hierarchien hier auf der Erde.« Oder: »Ein Himmel, in dem nicht alle gleich sind, wäre für mich einfach kein Himmel.«

Vielleicht sind Sie mit der Vorstellung aufgewachsen, dass der Himmel wie ein großer Kibbuz funktioniert – gleicher Lohn, gleiche Aufgaben, gleiche Bezahlung für jeden. Diese Vorstellung entbehrt jedoch jeder biblischen Grundlage. Und so schön und gerecht es auch klingt, Kommunismus würde im Himmel ebenso wenig funktionieren wie auf der Erde.

Nach der Auflösung der Sowjetunion habe ich einmal mit Arbeitern aus einer der früheren Sowjetrepubliken gesprochen. Produktivität und Qualität waren dort weit hinter dem Standard der übrigen industrialisierten Welt zurückgeblieben. Als ich einen der Arbeiter fragte, warum das System nicht funktioniert habe, sagte er mir Folgendes: »Es hat einfach keine Rolle gespielt, ob ich den ganzen Tag hart arbeite oder ob ich einfach herumsitze und nichts tue. Meine Arbeitshaltung hat nichts verändert. Der Staat tat so, als würde er uns bezahlen, und wir taten so, als würden wir arbeiten.«

Gibt es auch nur einen Menschen, der unter solchen Umständen sein Bestes geben würde? Gott hat uns Menschen so geschaffen, dass wir nur dann hoch motiviert sind, wenn die Dinge, die wir tun, sichtbar positive Auswirkungen haben. Unser Handeln wird grundsätzlich durch die zu erwartenden Konsequenzen gesteuert – und zwar in der Familie, im Klassenraum, am Arbeitsplatz und auf politischer Ebene gleichermaßen.

Wenn wir im Himmel alle die gleiche Stellung erhielten, wäre es letztlich egal, wie wir unser Leben hier auf der Erde gestalten, weil es keine persönliche Verantwortung gegenüber unserem Schöpfer gäbe. Doch Gott hat uns unmissverständlich klargemacht, dass der Himmel zwar für alle ein wunderbarer Ort sein wird, aber dass es durchaus Unterschiede geben wird.

Wenn Sie auf Gottes Lohn hinleben, dann ist dies für Sie keineswegs eine schlechte Nachricht. Im Gegenteil!

Unser Umgang mit Leistung, Macht und Besitz auf dieser Welt ist durch die Sünde verdorben, doch im Himmel gibt es keine Sünde mehr. Wir werden alle überwältigt sein von der Herrlichkeit unseres Gottes, vom Reichtum seiner Güte und von seiner vollkommenen Gerechtigkeit.

Wir sollten uns niemals anmaßen zu meinen, Gott wäre nicht in der Lage, jeden Menschen mit seinen ganz spezifischen Umständen gerecht zu behandeln. Gott steht mit seinem Namen dafür ein, dass alles, was er tut, Ausdruck seiner unfehlbaren Wahrheit und Gerechtigkeit und zugleich seiner Güte und Gnade ist (Jeremia 9,23; Psalm 89,15).

Unser wunderbarer Gott wird jedes seiner Kinder ganz persönlich, wohlwollend und voller Genugtuung belohnen, »wie es seine Taten verdienen« (Matthäus 16,27). Und wenn er zu uns sagt: »Sehr gut, du bist ein tüchtiger und treuer Diener!«, dann wird dies bis in alle Ewigkeit wie Musik in unseren Ohren klingen.

Anregung für Ihr Tagebuch

Was wird meiner Meinung nach das Beste am Himmel sein?

Im Hause Gottes gibt es viele Wohnungen, weil im Himmel
unterschiedliche Ebenen von Ehre und Segen vorgesehen sind.
Einige sind dazu ausersehen, höhere Plätze einzunehmen als andere;
einige sind dazu erschaffen,
um mehr Ehre und Herrlichkeit verliehen zu bekommen,
und daher ist auch nicht eine Wohnung wie die andere.
Einige der Wohnungen und Plätze im Himmel sind
mit einem höheren Ehrenstand verbunden als andere.
Obwohl alle ein großes Maß an Ehre und Herrlichkeit beinhalten,
gilt dies doch für einige noch mehr als für andere.
Jonathan Edwards

28. Tag

Heimweh nach dem Himmel

Solange wir nämlich in diesem Zelt leben, seufzen wir unter schwerem Druck, weil wir nicht entkleidet, sondern überkleidet werden möchten, damit so das Sterbliche vom Leben verschlungen werde.

2. Korinther 5,4

Was glauben Sie, wofür Sie in erster Linie geschaffen wurden – für den Himmel oder für das Leben auf der Erde? Gegenwärtig leben Sie in Ihrem physischen Leib, einem Wunderwerk der Schöpfung, der freilich mit seinen Bedürfnissen und Wahrnehmungsmöglichkeiten ganz auf die Dinge ausgerichtet ist, die Sie sehen, schmecken und berühren können. Das Leben hier auf der Erde ist überaus real, nicht wahr? Und der Himmel ist ... eben ganz weit weg! Es ist schwer, sich vorzustellen, dass wir eigentlich dorthin gehören, wo doch das Leben hier so bestechend real ist.

Ich möchte Ihnen heute vor Augen führen, dass Gott Sie zwar so geschaffen hat, dass Sie auf dieser Erde leben können, dass er Sie jedoch in Wirklichkeit für den Himmel bestimmt hat. Der Himmel ist der Ort, nach dem Sie sich wirklich in der Tiefe Ihres Seins sehnen, ob Sie sich dessen zu diesem Zeitpunkt bereits bewusst sind oder nicht.

Wenn Sie mit den Narnia-Chroniken von C. S. Lewis vertraut sind, dann kennen Sie ja sicherlich auch den großen Löwen Aslan. In *Der letzte Kampf*, dem letzten Buch aus dieser Reihe, stellt Aslan uns das neue Narnia vor, welches den Himmel symbolisiert:

»Das neue Narnia ... war ein Land mit tieferem Sinn: Jeder Felsen, jede Blume und jeder Grashalm sahen so aus, als ob sie noch mehr bedeuteten.

Man kann es nicht besser beschreiben als so. Kommt jemand dorthin, wird er wissen, was gemeint ist.

Das Einhorn fasste zusammen, was jeder fühlte. Mit dem rechten

Vorderhuf stampfte es auf den Boden, wieherte laut und rief dann: ›Nun bin ich doch noch nach Hause gekommen! Das ist meine wahre Heimat. Hierher gehöre ich. Nach diesem Land habe ich mich mein ganzes Leben lang gesehnt. Aber das wusste ich bis jetzt nicht. Warum liebten wir das alte Narnia? Weil es manchmal ein bisschen wie dieses Land hier aussah.‹«[6]

Lewis hatte die Vorstellung, dass der Himmel uns unbeschreiblich wunderbar und doch zugleich sonderbar vertraut anmuten wird – so vertraut, dass wir ihn sofort als unser eigentliches Zuhause erkennen werden. Er wird die Antwort auf jeden Wunsch und jede Frage sein, die wir auf der Erde jemals hatten.

Der Apostel Paulus sagte ganz ähnliche Dinge über den Himmel, und dabei stützte er sich keineswegs allein auf seine Fantasie. In 2. Korinther 12 berichtet er von einem »Diener Christi«, der in das Paradies »entrückt wurde« (Verse 2 und 4). Unter Theologen herrscht weithin die Überzeugung vor, dass Paulus hier von sich selbst spricht.

Was aber hat Paulus dort gesehen? Er konnte es nicht in Worte fassen, weil wir, wie ein Kommentator es ausdrückt, »mit der Sprache der jenseitigen Welt nicht vertraut sind«. Das tiefe Verlangen nach dem Himmel, das wir bei Paulus finden, spricht jedoch eine deutliche Sprache.

- »Im gegenwärtigen Zustand seufzen wir und sehnen uns danach, mit dem himmlischen Haus überkleidet zu werden« (2. Korinther 5,2).
- »Solange wir nämlich in diesem Zelt leben, seufzen wir unter schwerem Druck, weil wir nicht entkleidet, sondern überkleidet werden möchten, damit so das Sterbliche vom Leben verschlungen werde« (2. Korinther 5,4).
- »Aber auch wir, obwohl wir als Erstlingsgabe den Geist haben, seufzen in unserem Herzen und warten darauf, dass wir mit der Erlösung unseres Leibes als Söhne offenbar werden« (Römer 8,23).

---

6 C. S. Lewis, *Der letzte Kampf*, Brendow, 2000, S. 149.

Beachten Sie die Worte, die Paulus hier gebraucht: warten im Sinne von sehnen, seufzen unter schwerem Druck, seufzen in unserem Herzen. Fast möchte man meinen, Paulus habe Heimweh nach dem Himmel. Vielleicht geht es Ihnen ja auch so.
Wenn Sie sich einmal Ihr eigenes Leben vergegenwärtigen – was würden Sie als Ihre tiefste Sehnsucht bezeichnen? Könnte es sein, dass Sie sich in der Tiefe Ihres Seins nach etwas sehnen, das es auf der Erde einfach nicht gibt?
Sehen Sie, dieses existenzielle Verlangen ist vielleicht die deutlichste Einladung, die Gott Ihnen gibt. Wenn Sie es zulassen, dass dieses innere Verlangen Ihr Herz auf den Himmel hin ausrichtet – jenen unsichtbaren Ort, der doch so viel realer ist als alles, was Sie sehen –, dann haben Sie möglicherweise den wichtigsten Schlüssel zu einem Leben für die Ewigkeit gefunden.
Die Sehnsucht nach dem Himmel, die Paulus in sich verspürte, erinnerte ihn unablässig daran, dass er eigentlich nicht für diese Welt bestimmt war, sondern für die künftige. Dieses Bewusstsein prägte seine Prioritäten. Es bestimmte seine Zielsetzungen. Aus diesem Grund konnte er angesichts dessen, was ihm im Himmel verheißen war, all die Prüfungen und das Leid, das er erduldete, als vorübergehend und leicht ansehen (2. Korinther 4,17–18).
In *Ein Leben, das Gott belohnt* habe ich Sie ermuntert, Ihre Einbürgerung im Himmel festzumachen. Heute möchte ich Sie dazu ermutigen, Ihre Sehnsucht nach jenem Ort, an den Sie eigentlich gehören, zur Triebfeder Ihres Lebens zu machen, um mit einer ganz neuen Leidenschaft für Gott zu leben. Möge Ihre geistliche Sehnsucht Ihnen zum Anreiz werden, sich nach der ganzen Fülle Ihrer Möglichkeiten auszustrecken – für diesen heutigen Tag und für die Ewigkeit.

Anregung für Ihr Tagebuch

Lieber Herr, bitte hilf mir, dass ich meine Sehnsucht nach dem Himmel als das erkenne, was sie wirklich ist! Bitte zeige mir, wo ich versuche, dieses Verlangen mit den falschen Mitteln zu stillen.

Ich wünsche mir keineswegs, dass dieses Verlangen in mir aufhört.
Im Gegenteil – meine Hoffnung ist, dass es noch tiefer wird.
Ich sehne mich danach, dass unser Seufzen mit der Melodie
und dem Rhythmus des Seufzens der ganzen Schöpfung in Einklang
kommt – von Himmel und Erde, Wasserfall und Wasserbüffel,
Fink und Grille, Stein und Baum –, allen Dingen,
die auf die Offenbarung der Söhne Gottes warten (siehe Römer 8,22).
Jenes Seufzen ist der Gesang der Kreatur, der kosmische Blues,
und es ist an uns, diese Melodie mitzusummen
und in den Refrain mit einzustimmen.

Mark Buchanan

Mit diesen Worten geben sie zu erkennen,
dass sie eine Heimat suchen.
Hätten sie dabei an die Heimat gedacht,
aus der sie weggezogen waren,
so wäre ihnen Zeit geblieben zurückzukehren;
nun aber streben sie nach einer besseren Heimat,
nämlich der himmlischen.
Darum schämt sich Gott ihrer nicht, er schämt sich nicht,
ihr Gott genannt zu werden;
denn er hat für sie eine Stadt vorbereitet.

Hebräer 11,14–16

29. Tag

Die Hölle ist kein Vergnügungspark

Es war einmal ein reicher Mann, der sich in Purpur und feines Leinen kleidete und Tag für Tag herrlich und in Freuden lebte. Vor der Tür des Reichen aber lag ein armer Mann namens Lazarus, dessen Leib voller Geschwüre war. Er hätte gern seinen Hunger mit dem gestillt, was vom Tisch des Reichen herunterfiel. Stattdessen kamen die Hunde und leckten an seinen Geschwüren. Als nun der Arme starb, wurde er von den Engeln in Abrahams Schoß getragen. Auch der Reiche starb und wurde begraben. In der Unterwelt, wo er qualvolle Schmerzen litt, blickte er auf und sah von weitem Abraham und Lazarus in seinem Schoß.

Lukas 16,19–23

Bevor Timothy McVeigh für die Ermordung von 168 unschuldigen Opfern durch einen Bombenanschlag hingerichtet wurde, sagte er: »Wenn ich in die Hölle gehe, dann werde ich dort sicherlich eine Menge Leute kennen.«

Ob die Hölle wohl tatsächlich ein Ort sein wird, der sich gemeinsam besser ertragen lässt – eine große Party sozusagen, wie manche Leute meinen?

Jesus wollte seinen Zuhörern die Wahrheit über die Hölle offenbaren. Eines Tages erzählte er eine Geschichte darüber, wie zwei Menschen sterben und ihrem ewigen Schicksal ins Auge sehen. Einer der beiden war ein reicher Mann, der von allem immer nur das Beste gehabt hatte. Der andere war ein armseliger Bettler namens Lazarus, der von den Krümeln lebte, die vom Tisch des Reichen herabfielen.

Als die beiden starben, wendete sich das Blatt. Der Bettler ging in den Himmel, wo er getröstet wurde – Jesus spricht in dieser Geschichte von »Abrahams Schoß«. Der reiche Mann dagegen ging in die Hölle, wo er ewige Trübsal zu erdulden hatte.

Hier nun beginnt das eigentliche Drama. Wie wir in unserem heutigen Bibelabschnitt lesen, konnte der reiche Mann in der Hölle bis in den Himmel hinaufsehen. Dort erblickte er Lazarus, wie er getröstet wurde. Nun war er der Bettler. Die Konversation, die sich aus dieser Situation ergibt (Verse 24–31), möchte ich im Folgenden paraphrasieren:

Reicher Mann: »Vater Abraham, hab Erbarmen mit mir! Schicke doch Lazarus herab, dass er mir mit einem Tropfen Wasser die Zunge kühlt.«
Abraham: »Lazarus kann nicht zu dir herabkommen, weil eine unüberbrückbare Kluft zwischen euch liegt.«
Reicher Mann: »Dann bitte ich dich, dass du Lazarus zu meinen fünf Brüdern auf der Erde schickst, um sie zu warnen. Sonst enden auch sie an diesem Ort der Qual!«
Abraham: »Nein, sie haben ja schon die heiligen Schriften, die ihnen die Wahrheit über die Hölle offenbaren, wenn sie die Wahrheit wirklich hören wollen.«
Reicher Mann: »Das stimmt, aber wenn ihnen ein Verstorbener erscheint, dann bin ich mir sicher, dass sie auf ihn hören werden!«
Abraham: »Wenn sie der Schrift nicht glauben, dann werden sie auch nicht glauben, wenn ihnen ein Verstorbener erscheint ...«

Welch ein überaus ernüchternder Einblick in die Ewigkeit! Und welch eine hilfreiche Offenbarung für uns heute, wenn wir wirklich hören und annehmen, was Jesus uns hier klarmachen will!
Diese Geschichte enthält einige sehr aufschlussreiche und wichtige Details über die Hölle und darüber, welchen Einfluss unser heutiges Leben auf unser ewiges Schicksal hat:

1. Der Tod ist die Tür zwischen diesem Leben und dem Leben danach. Wenn wir diese Tür erst einmal passiert haben, dann besteht keine Möglichkeit mehr, unser ewiges Schicksal zu beeinflussen, weil es dort jenen »tiefe[n], unüberwindliche[n] Abgrund« gibt (Vers 26).
2. Die Hölle ist ein Ort der Qual, vor dem es kein Entrinnen gibt. Die Leute, die sich dort aufhalten, sind bei vollem Bewusstsein, sie können

sich verständigen, sie fühlen Schmerz und Bedauern und ihr Befinden bleibt in Ewigkeit unverändert. Wer einmal dort ist, bleibt auch dort, für alle Zeit.

3. In unserem späteren Leben wird Gott jedem Menschen Gerechtigkeit widerfahren lassen. Interessanterweise fängt der reiche Mann – nun, da er sein Leben in der Rückschau betrachtet – nicht an, mit Gott zu diskutieren, ob das, was er in der Hölle durchmacht, eine gerechte Konsequenz für seine irdischen Entscheidungen ist. Diese Haltung ist jedoch überhaupt nicht erstaunlich, wenn wir bedenken, dass Gott im Gericht ja nicht grausam Rache nimmt. Er sorgt einfach für Gerechtigkeit. Jesus sprach wiederholt davon, dass es in der Hölle unterschiedliche Grade des Leidens geben wird, ebenso wie es im Himmel unterschiedliche Stufen der Belohnung gibt (siehe Matthäus 11,23-24; 23,14; Römer 2,5). Die Ungerechtigkeiten und das Leiden auf dieser Welt sind Gott durchaus nicht gleichgültig und eines Tages wird er im Gericht Ausgleich dafür schaffen.

4. Unser heutiges Leben hat direkte Auswirkungen darauf, wie es uns in der Ewigkeit ergehen wird. Die Konsequenzen sind vorhersehbar und endgültig; wir sind für alle Ewigkeit davon betroffen.

Versuchen Sie einmal, sich vorzustellen, was der reiche Mann und Lazarus Ihnen wohl sagen würden, wenn sie Ihnen heute auf der Straße begegneten. Würden alle beide Ihnen denselben Rat geben?

Ich denke, sie würden Ihnen beide dieselbe dringende Botschaft übermitteln: Das Leben ist kurz, aber Gott ist gut. Nehmen Sie Jesus als Ihren Herrn und Erlöser an und leben Sie heute so, dass Sie die Ewigkeit mit ihm verbringen können. Geben Sie diese Botschaft auch an andere weiter.

Anregung für Ihr Tagebuch

Herr, wie wunderbar ist es doch, Folgendes zu wissen: Egal, wie die Dinge heute aussehen, eines Tages wirst du jedem Menschen Gerechtigkeit verschaffen. Diese Tatsache finde ich besonders ermutigend, wenn ich an ____________ denke.

Gott ist ein gerechter Herrscher;
seine Gesetze sind heilig, gerecht und gut …
Vor ihm sind alle gleich und er übervorteilt niemanden.
Als Richter teilt er jedem zu, wie es seine Werke verdienen.
Er verurteilt weder den Unschuldigen
noch spricht er den Schuldigen frei.

Charles Hodges

Wenn wir dagegen sehen, wie der Gerechte
durch die Ungerechten Bedrängnis erfährt und Verletzungen erleidet,
wie er Verunglimpfungen zu ertragen und Schmähungen
zu erdulden hat, während die Ungerechten selbst gedeihen
und sich besten Wohlergehens erfreuen,
wie sie zu Ansehen und Wohlstand gelangen,
ohne jemals für ihre Missetaten zur Rechenschaft gezogen zu werden,
dann sollten wir zuallererst den Schluss ziehen,
dass es ein künftiges Leben geben wird, in welchem Ungerechtigkeit
bestraft und Gerechtigkeit belohnt wird.

Johannes Calvin

30. Tag

Botschafter

Wenn also jemand in Christus ist, dann ist er eine neue Schöpfung:
Das Alte ist vergangen, Neues ist geworden.
Aber das alles kommt von Gott, der uns durch Christus
mit sich versöhnt und uns den Dienst der Versöhnung aufgetragen hat.
Ja, Gott war es, der in Christus die Welt mit sich versöhnt hat,
indem er den Menschen ihre Verfehlungen nicht anrechnete
und uns das Wort von der Versöhnung zur Verkündigung anvertraute.
Wir sind also Gesandte an Christi statt, und Gott ist es,
der durch uns mahnt. Wir bitten an Christi statt:
Lasst euch mit Gott versöhnen!

2. Korinther 5,17–20

Irgendwo habe ich einmal gelesen, dass die Beobachtung der Sterne mit einem Teleskop von der Erde aus ein wenig so ist, als würde man vom Boden eines Schwimmbeckens aus nach oben schauen. Sosehr man sich auch bemüht, die Dinge zu fixieren, die Sicht ist und bleibt verschwommen. (Deshalb scheinen die Sterne auch zu funkeln.) Der gewaltige Ozean der Erdatmosphäre liegt wie ein Schleier über uns und trübt unseren Teleskopen die Sicht.

So verwundert es nicht, dass die Astronomen es kaum erwarten konnten, dass im Jahre 1990 das Hubble-Weltraumteleskop, ein riesiges Fernrohr von der Größe eines Schulbusses, in seine Umlaufbahn gebracht wurde. Endlich konnten sie das Weltall ohne die störende Erdatmosphäre studieren, ohne Schleier und ohne Flimmern. Seitdem jagt eine neue Entdeckung die andere.

So ähnlich ist es auch, wenn Jesus uns die Ewigkeit aufschließt. So beschränkt unsere eigene Perspektive auch sein mag, seine ist es nicht. Er kam aus der Ewigkeit zu uns, um uns die Wahrheit zu offenbaren. Und wenn wir die Dinge, die er uns offenbart hat, wirklich ernst nehmen, dann werden wir unser Leben hier auf der Erde nie wieder so sehen können wie bisher.

Auch andere Menschen sehen wir in einem völlig neuen Licht.

Hat sich die Art und Weise, wie Sie Ihr eigenes Leben betrachten, vor dem Hintergrund der Ewigkeit geändert? Dann kommen Sie nicht umhin, auch andere Menschen aus einem anderen Blickwinkel zu betrachten.

Als C. S. Lewis in seiner Abhandlung *Das Gewicht der Herrlichkeit* von »den überwältigenden Möglichkeiten« der Ewigkeit schrieb, stellte er abschließend Folgendes fest: »Es gibt keine gewöhnlichen Menschen. Wir haben nie mit bloßen Sterblichen gesprochen. Nationen, Kulturen, Künste und Zivilisationen sind sterblich – ihr Leben ist gegenüber dem unseren wie das Leben einer Mücke. Aber es sind Unsterbliche, mit denen wir scherzen, arbeiten, verheiratet sind, die wir kurz abfertigen und ausbeuten – unsterbliche Schrecken oder ewig währender Glanz.«[7]

Lieber Freund, darum ist es so unendlich wichtig, dass wir die gute Nachricht vom Evangelium heute anderen »Unsterblichen« vorleben und weitersagen. Es gibt absolut nichts, was größere Relevanz für die Ewigkeit hätte. Es gibt kein kostbareres Geschenk, das wir den Menschen geben könnten, mit denen wir zusammenleben, arbeiten oder die wir auf der Straße treffen.

Jeder Mensch hat unendliche Möglichkeiten.

Die Begegnung mit Jesus hat Paulus' Weltsicht tief greifend verändert, weil ihm auf einmal klar wurde, dass »die Lebenden nicht mehr für sich selber leben, sondern für den, der für sie starb und auferweckt wurde«, und dass »wir von jetzt an niemand mehr nur nach menschlichen Maßstäben« einschätzen können (2. Korinther 5,15–16).

Paulus verglich diesen erstaunlichen Auftrag mit dem Status eines Botschafters für Jesus. Jeden Tag, so schreibt er, müssen wir uns wieder neu darüber bewusst werden, dass er uns eingesetzt hat, um an seiner Stelle der Welt gegenüberzutreten. Wir lesen in der Bibel ganz unmissverständlich, dass der König »nicht will, dass jemand zugrunde geht, sondern dass alle sich bekehren« (2. Petrus 3,9).

---

[7] C. S. Lewis, *Das Gewicht der Herrlichkeit*, in: *Der innere Ring*, 2. Auflage, Brunnen, 1992.

Bevor Sie das nächste Mal zur Tür hinausgehen, überlegen Sie sich doch einmal, wie Ihr Tag aussehen würde, wenn Sie sich ganz bewusst als Botschafter Christi sehen.

- Sie sind in besonderer Weise dazu ausgesandt, um die Botschaft Ihres Königs zu verbreiten.
- Sie sollten sich darauf einstellen, dass es eine Vielzahl von Gelegenheiten geben wird, um Versöhnung zu stiften zwischen Ihrem König und seinen Widersachern.
- Denken Sie immer daran, dass Sie mit dem, was Sie sagen, und mit Ihrem Beispiel beständig Aussagen über Ihren König und seine Botschaft machen.
- Vergessen Sie nicht, dass Sie als Botschafter nur dann erfolgreich sind, wenn Sie die Interessen und Anliegen Ihres Königs über Ihre eigenen Bedürfnisse stellen.

Bitten Sie Gott heute, in Ihnen eine Leidenschaft zu entfachen, Menschen für ihn zu gewinnen. Wenn diese Leidenschaft in Ihnen brennt, dann hat dies für viele Menschen Auswirkungen bis in die Ewigkeit, und auch Sie selbst werden dafür nicht unbelohnt bleiben. Jesus sagte zu seinen Jüngern: »Schon empfängt der Schnitter seinen Lohn und sammelt Frucht für das ewige Leben, sodass sich der Sämann und der Schnitter gemeinsam freuen« (Johannes 4,36).
Sie sind zu einer überaus freudigen Aufgabe ausersehen. Jesus hat Ihnen die Wahrheit offenbart, und die Wahrheit hat Sie dazu freigesetzt, nun Ihrerseits die Botschaft weiterzugeben.

Anregung für Ihr Tagebuch

Welche drei Menschen kommen mir spontan in den Sinn, für die ich beten sollte und denen ich in dieser Woche auf irgendeine Weise das Evangelium nahe bringen kann?

Selbst wenn wir nur wenige zu überzeugen vermochten,
werden wir doch einen sehr großen Lohn erhalten,
denn der Meister wird uns als guten Arbeitern unseren Lohn
nicht schuldig bleiben.
Justinian, der Märtyrer

Die Verständigen werden strahlen, wie der Himmel strahlt;
und die Männer, die viele zum rechten Tun geführt haben,
werden immer und ewig wie die Sterne leuchten.
Daniel 12,3

Denn wer ist unsere Hoffnung, unsere Freude,
der Kranz unseres Ruhmes vor Jesus, unserem Herrn,
wenn er kommen wird? Nicht etwa auch ihr?
1. Thessalonicher 2,19

31. TAG

DER WETTKAMPF IHRES LEBENS

Da uns eine solche Wolke von Zeugen umgibt,
wollen auch wir alle Last und die Fesseln der Sünde abwerfen.
Lasst uns mit Ausdauer in dem Wettkampf laufen,
der uns aufgetragen ist, und dabei auf Jesus blicken,
den Urheber und Vollender des Glaubens;
er hat angesichts der vor ihm liegenden Freude
das Kreuz auf sich genommen, ohne auf die Schande zu achten,
und sich zur Rechten von Gottes Thron gesetzt.
Hebräer 12,1–2

Es war wohl eine jener Sternstunden der olympischen Geschichte. Vielleicht waren Sie selbst Zeuge und haben die Übertragung im Fernsehen gesehen. Sarah Hughes, die 16-Jährige aus Great Neck, einem kleinen Ort im Staat New York, war in der letzten Wettkampfrunde im Eiskunstlaufen an vierter Position. Um noch eine Medaille zu gewinnen, brauchte sie ein kleines Wunder. Sie musste die beste Vorstellung ihres Lebens geben – und noch eine Riesenportion Glück haben.

Als sie schließlich an der Reihe war, fasste sie den Entschluss, den ganzen Druck hinter sich zu lassen und einfach nur aus purem Vergnügen zu laufen. Während ihrer ganzen Kür hatte sie ein breites Lächeln auf dem Gesicht. Und sie machte Geschichte – sie war die allererste Eiskunstläuferin, der in einem olympischen Wettbewerb jemals zwei perfekte Dreifachpirouetten in ein und demselben Lauf gelangen.

Als die Wertungen bekannt gegeben wurden, ging ein Raunen durch das Publikum. Die Kameras zeigten Nahaufnahmen, wie Sarah und ihre Trainerin sich auf Knien in den Armen lagen und vor Begeisterung jubelten. Dann nahm die Trainerin Sarahs Kopf zwischen ihre beiden Hände und sagte: »Du hast soeben eine Goldmedaille bei den Olympischen Spielen gewonnen!«

Eines Tages werden Sie im Himmel eine ganz ähnliche Szene erleben.

Sie werden Ihren Lauf vollendet haben. Der Moment ist gekommen, an dem Sie den Lohn für Ihre Leistung entgegennehmen; es wird mit Abstand der größte Augenblick Ihres Lebens sein ...
Gott will, dass dieser Moment das Beste ist, was Sie jemals erlebt haben!
Genau darum ging es in diesem Buch. Der heutige Bibeltext will Ihnen nun noch ein abschließendes Wort der Ermutigung mit auf den Weg geben. Ist Ihnen auch schon aufgefallen, dass diese beiden Verse beinahe wie die letzten Instruktionen klingen, die ein Trainer seinem Athleten unmittelbar vor einem olympischen Wettkampf mit auf den Weg gibt?
Ebenso wie Paulus stellte sich der Autor des Hebräerbriefs das Leben im Glauben wie einen olympischen Wettkampf vor. Er malt uns vor Augen, wie die Zuschauertribünen im Himmel bis auf den letzten Platz ausverkauft sind. Alle Augen sind auf uns gerichtet, wir sind zum Bersten angespannt! Dann gibt er uns einige unschätzbare Hinweise, wie wir unseren Lauf gewinnen können:

1. Legen Sie alles beiseite, das Sie behindert, und streifen Sie die Fesseln der Sünde ab. Spitzensportler, die es ernst meinen, wissen nur zu gut, dass es sehr viele Faktoren gibt, die ihre Leistung beeinträchtigen und ihre Siegeschancen mindern können: falsche Kleidung, schlechte Ess- und Schlafgewohnheiten, Ablenkungen oder Verstrickungen jeglicher Art. In dem Wettlauf, den wir als Jünger Jesu zu bestehen haben, gibt es nichts, was uns mehr beeinträchtigt, behindert und uns letztlich um unseren Siegespreis bringt als die Sünde.

Legen Sie heute die Sünde ab, indem Sie sie Jesus bekennen. Johannes schreibt: »Wenn wir unsere Sünden bekennen, ist er treu und gerecht; er vergibt uns die Sünden und reinigt uns von allem Unrecht« (1. Johannes 1,9).

2. Laufen Sie mit Ausdauer in dem Wettlauf, der vor Ihnen liegt. Eine der Wände im Olympiatrainingszentrum in Colorado Springs trägt folgende Aufschrift: »Ausdauer ist das verborgene Lebensmotto der Sieger.« Ausdauer erlangen wir, wenn wir immer und immer wieder das Richtige tun – unabhängig davon, wie wir uns gerade fühlen. Manchmal besteht Ausdauer schlicht und einfach darin, nicht aufzugeben. Paulus schrieb: »Lasst uns nicht müde werden, das Gute zu tun; denn wenn wir darin nicht nachlassen, werden wir ernten, sobald die Zeit dafür gekommen ist« (Galater 6,9).

Beachten Sie aber, dass Sie lediglich das Rennen laufen müssen, das *Ihnen* »aufgetragen« ist. Ihr Parcours ist ein anderer als meiner. Der Lauf, der Ihnen aufgetragen ist, wurde ganz speziell auf Sie zugeschnitten. Sie haben alle dafür notwendigen Anlagen und Voraussetzungen und sind dazu bestimmt, ihn zu gewinnen.

3. Blicken Sie auf Jesus. Jeder Spitzensportler wird Ihnen sagen, dass es ganz entscheidend ist, worauf Sie Ihren Blick richten. Wenn Sarah Hughes sich in einen wirbelnden menschlichen Kreisel verwandelt, dann hält sie ihr Gleichgewicht, indem sie nach jeder Drehung immer wieder ein und denselben Punkt fixiert. Unser Fixpunkt, auf den wir unseren Blick richten, ist Jesus. Er ist die Quelle, aus der wir unsere Hilfe beziehen, und nur um seinetwillen sind wir überhaupt in diesem Rennen. Bei Judas lesen wir, dass Gott »die Macht hat, [uns] vor jedem Fehltritt zu bewahren und [uns] untadelig und voll Freude vor seine Herrlichkeit treten zu lassen« (Judas 1,24).

Vielleicht sind Sie davon überzeugt, dass Sie Ihr Leben bislang völlig falsch gelebt haben und dass es ein Wunder braucht, damit Sie doch noch Gottes Wohlgefallen erlangen und das ersehnte »Gut gemacht ...!« zu hören bekommen. Doch bitte vergessen Sie nicht, wer es ist, der Ihr Leben am Ende beurteilen wird. Er steht am Ziel und wartet auf Sie. Er tritt im Gebet für Sie ein und wartet nur darauf, Ihnen endlich Ihren Lohn zu geben (Offenbarung 22,12).
Er selbst hat uns ein Beispiel gegeben, indem er auf die »vor ihm liegende Freude« hingelebt hat. Dienen Sie ihm doch heute in derselben Haltung und geben Sie Ihr Leben hin, einfach um der Freude willen, die eine solche Perspektive mit sich bringt. Dann werden Sie darüber

hinaus auch noch eine wunderbare Belohnung aus seiner liebenden Hand empfangen.

Anregung für Ihr Tagebuch

Lieber Herr, ich richte heute meinen Blick auf dich. Bitte gib mir Kraft und Weisheit, um meinen Lauf des Glaubens zu laufen. Ich lege auch die Sünden ab, die mich fesseln und zurückhalten.

Deshalb seid ihr voll Freude, obwohl ihr jetzt vielleicht kurze Zeit
unter mancherlei Prüfungen leiden müsst.
Dadurch soll sich euer Glaube bewähren und es wird sich zeigen,
dass er wertvoller ist als Gold, das im Feuer geprüft wurde
und doch vergänglich ist. So wird (eurem Glauben) Lob,
Herrlichkeit und Ehre zuteil bei der Offenbarung Jesu Christi.
Ihn habt ihr nicht gesehen und dennoch liebt ihr ihn;
ihr seht ihn auch jetzt nicht;
aber ihr glaubt an ihn und jubelt in unsagbarer,
von himmlischer Herrlichkeit verklärter Freude,
da ihr das Ziel des Glaubens erreichen werdet: euer Heil.
1. Petrus 1,6–9

Der Gott der Hoffnung aber erfülle euch mit aller Freude
und mit allem Frieden im Glauben,
damit ihr reich werdet an Hoffnung in der Kraft des Heiligen Geistes.
Römer 15,13

LOHN FÜR DIE EWIGKEIT

Bruce Wilkinson:

EIN LEBEN, DAS GOTT BELOHNT

Sammeln Sie Schätze im Himmel.

Könnte das, was Sie heute tun, Auswirkungen darauf haben, wie Sie die Ewigkeit verbringen werden? Jesus hat unmissverständlich klargemacht, dass eine Verbindung zwischen unserem Leben hier und unserem Dasein in der Ewigkeit besteht. Und doch scheinen wir uns oft auf unserem Wissen darum, dass wir bereits erlöst sind, auszuruhen.

Aber Gott möchte, dass wir all das, was er uns anvertraut hat, im Hier und Jetzt optimal einsetzen und zu seiner Ehre vermehren, damit er uns später einmal reichlich dafür belohnen kann ...

Die Botschaft dieses kleinen Büchleins hat das Potenzial, Ihnen die Tür zur himmlischen Schatzkammer aufzuschließen und Einfluss darauf zu nehmen, wie Sie künftig Ihr Leben gestalten.

Gebunden, 128 Seiten, Bestell-Nr. 815 914

Bruce Wilkinson:

EIN LEBEN, DAS GOTT BELOHNT – HÖRBUCH

Die gekürzte Hörbuchfassung, gelesen von Hanno Herzler, Daniel Kopp und Tobias Schuffenhauer.

Doppel-CD, Laufzeit ca. 150 Minuten, Best.-Nr. 815 934

EIN GEBET, DAS DIE WELT VERÄNDERT

Bruce Wilkinson:

DAS GEBET DES JABEZ

Durchbruch zu einem gesegneten Leben.

Was passiert, wenn sich Menschen wie du und ich nach einem außergewöhnlichen Leben ausstrecken? Diese Frage hat sich der Pastor Bruce Wilkinson zu Beginn seines Dienstes auch gestellt. Und er begann, täglich das Gebet des Jabez zu beten ...

Gebunden, 96 Seiten, Bestell-Nr. 815 765

Bruce Wilkinson:

DAS GEBET DES JABEZ – ANDACHTEN

Gottes Fingerabdrücke! Plötzlich erkennen Sie sie überall in Ihrem Leben: Ungewöhnliche Begegnungen. Kleine Wunder. Große Antworten auf einfache Fragen. Willkommen auf dem Jabez-Weg! Dieses Andachtsbuch hilft Ihnen dabei, jeden Tag mit der Erwartung zu beginnen, dass Gott Ihr Leben segnen will!

Gebunden, 128 Seiten, Bestell-Nr. 815 789

Bruce Wilkinson:

DAS GEBET DES JABEZ – HÖRBUCH

Durchbruch zu einem gesegneten Leben.

Die bekannten Persönlichkeiten Hanno Herzler, Beate Tiemann und Horst Marquardt lesen den Welterfolg von Bruce Wilkinson auf äußerst hörenswerte Weise. Nicht nur ein Genuss für die Sinne ...

Doppel-CD, Laufzeit ca. 130 Minuten, Bestell-Nr. 815 785